論語故事
輕鬆讀

永遠放出真理的光芒

孔子是我們偉大的老師。
他說的話像黃金，
歲月的塵埃沾不上去，
永遠放出真理的光芒。

兒童文學作家　**林良**

如何讀《論語》

《論語》是一部很重要的著作。它寫下不少崇高的理想。不過，有很多說法，文字很清楚，道理也很明白，卻是一般人做不到的。像「不遷怒，不貳過。」讀《論語》，有時，是要注視現實面的。

《論語》到現在，已有兩千五百年的歷史。時代不斷在改變，人民的生活方式也不斷在改變。以前的人，讀《論語》，重點在詮釋。孟子說，「不孝有三，無後為大」。其實，這也是人類，甚至是所有生物，共有的生存力量。現在，醫藥發達，生命延長了，人口爆炸變成了人類的重大課題。讀《論語》，不是盲從，在詮釋以外，還是需要一點判斷力，一點評判力的。

知名文學作家　**鄭清文**

讓大家一輩子受用的好書

　　直到今天，日本企業界還是有許多領導階層的人，必讀《論語》，把《論語》視為重要的管理與生活哲學；直到今天，還是有許多人相信，半部《論語》可以治天下；直到今天，《論語》裡的智慧完全沒有退流行，它對許多人而言，是一部歷久彌新的生命寶典！

　　在這個價值觀被弄權者惡意玩弄到幾近混亂的時代，我們究竟應該如何自處，才能夠趨進所追求的美好世界？結交朋友有什麼樣的法則嗎？對待他人應該用什麼樣的態度呢？要怎樣說話才算得體、不失分寸？怎樣做事才容易成功？如何發揮高EQ以處世？要尋求上述種種問題的答案，說實話，很不容易、十分沉重！

　　但是非常慶幸的，美藝學苑出版了《論語故事輕鬆讀》，這是一本學習人生寶典《論語》的最佳入門書。全書以一則又一則的故事，還原孔子當初說話、教學的情形，讓師長可以輕鬆帶領孩子進入孔子的課堂一窺門徑；將每一則《論語》中的智慧融入歷史故事娓娓道來，讓我們自然而然的領受其中的道理而不覺困倦；不但對《論語》中的精義抽絲剝繭，深入分析，還補充大量名句、成語、相關故事與語文常識，讓學生不只讀懂《論語》，也學到各種文史知識；同時又介紹修辭、溝通技巧，幫助學生全面提升寫作與口語表達能力！

　　更重要的，這本書不但適合師生共讀、親子學習，也適合一般人自我充電。書中有白話翻譯、詳盡生難字詞解釋、注音、典故補充，並且搭配各種有趣的歷史掌故。既能有助我們國語文能力的提昇，也能夠讓大家一輩子受用！

臺灣師範大學國文系教授　潘麗珠

說故事的力量，讓經典深入你心！

　　故事，是人類歷史文化的長河中，最具有影響力的溝通工具，也是最有說服力的表達方式。人們利用說故事來發掘自我，為故事創造出意義，進而改變了人類的生活。我們透過故事跨越時空限制，拉近與古代聖賢的距離，即使身處在現代，也能和遠古的大師們對話，從中得到激勵與啟發。這就是說故事的力量！

　　《論語》是兩千多年來，每個讀書人必讀的經典，對人們的言行思想影響深遠，它記載了孔子和學生之間的對話，在孔子去世後，就由孔子的學生和再傳弟子整理而成。由於《論語》的精神深入每個東方社會，甚至於西方世界，諸如「四海之內，皆兄弟也」、「三思而後行」等，就成為耳熟能詳的名言，然而學子對於其中傳達的人生道理與處世哲學、名言警句，往往不甚明瞭，或是誤解其意。

　　作者胡真老師利用說故事的方式，讓讀者清楚地認識《論語》的內涵，青年學子得以與孔子對話，《論語》不再是死的文物，而能夠重新擁有生命。書中【論語時代劇場】令孔子的音聲笑貌重現，孔子在「時代劇場」對學生的說話，彷彿是對我們的諄諄教誨，溫潤地滋養我們的心；【名句充電時間】與【學習補給站】有豐富的文史知識，將出現在《論語》的名句、成語，作延伸的解說；【孔夫子Mail box】則是有趣的創意，作者巧妙地扮演起孔夫子，以書信的方式為青少年解答人生的困惑。經典，就這麼潛移默化的深入你我的心。

　　本書《論語故事輕鬆讀》，特別針對青少年在學校、家庭、交友、說話、EQ、待人接物等各方面的成長而設計，是「經典」與「說故事」的絕妙組合！不論是內容或架構，都能夠兼顧品味、鑑賞與閱讀的需求，讓學子感受到哲人的智慧，提升閱讀力與寫作力，是每個成長中的青少年、兒童不能錯過的好書，也是值得教師授課參考的好書。

　　美藝學苑出版的「經典輕鬆記」系列，致力於推廣中、小學生必讀的國學經典，除了《論語故事輕鬆讀》，亦將陸續推出《唐詩》等系列好書，值得期待，筆者在此誠摯的推薦給您！

作文書暢銷作家　高詩佳

從「心」開始體悟《論語》

　　能閱讀方塊字的人，必定是懂中文的，懂中文的人又大都知道《論語》。不過，這其中會讀《論語》的人就不多了。

　　年代懸隔，語言變化，的確給今人讀古書造成了很大的麻煩，但這不是大多數人不會讀《論語》的問題所在，因為文言文再難，畢竟是中文，總不會難過一門外語。

　　不會讀《論語》，是因為人們把這部書神化了，《論語》成了咒語。道士畫符驅鬼的咒語是神奇的，錯不得丁點；大聖人的語錄也是神奇的，錯不得丁點。就這樣，《論語》變得沒法讀了。

　　兩千年前的人和現在的人有很多不同，但說話給人聽的基本過程其實沒什麼區別，總是先思考，再表達，目的是讓人明白自己的想法。不湊巧的是，後來孔子出名了，經學走紅了，《論語》也就成了不能有差錯的咒語，讓人無形中覺得每一字每一句的背後一定有一個標準答案，一旦想到別處去那就是錯誤——這麼讀書，除了應付考試還能用來做什麼？

　　要讀《論語》，要先從這對和錯的壞習慣裡跳出來！

　　只要是說同一種語言的人，必定會在心理、性格和行為習慣等諸多方面有所相似，人們的想法用語言表達出來，廣為接受的話語則漸漸成為語言中固有的元素，就這樣不斷地互相補充，最後很多東西就變得根深蒂固。我們每個人身上的種種

特徵和我們習焉而不察的語言有著密切的關係，但
我們無從知道某一份執著或熱情究竟是源自《論語》還是《周易》中的某句
話，因為這些經典中的智慧早已內化於我們的心中。

　　許許多多人生活在一起，大家共同的目的無非是活得開心點、順利點。要
想這樣，說起來很簡單，只要說話、做事明智一些就差不多了。但真做起來，
卻不是套用一兩個定理公式就能夠辦到的。

　　《紅樓夢》裡有副對聯：

世事洞明皆學問
人情練達即文章

　　這對聯高懸於賈府之中，事實上也高懸在中國千百年來讀書人的心中。年
輕人讀它，多半覺得厭惡，因其透著一種濃厚的世故、虛偽的庸俗氣。

　　但是，等年齡漸長，閱歷加深，就會發現人事是那麼複雜：有理，有情，
有個性，有運氣能把這一切理順才能不誤事、不壞事，這可不容易，不對人身
上的種種特性有足夠的瞭解根本做不到。

　　想瞭解別人嗎？讀《論語》吧。不過，千萬別把它看作咒語，它不會以神
話的方式顯靈。它只能告訴你，在你身邊許許多多說著中文的人血液裡有一些
什麼樣根深蒂固的東西。而且，要明白這一切，必須用你那顆深受中文浸潤的
心去印證、去體悟。

胡真

┃ 本 書 目 錄 ┃

一起來認識《論語》！

兩千多年來，《論語》影響了千千萬萬的人，人人皆對其中的一些句子耳熟能詳。只是，你對《論語》的認識有多少呢？

Q 《論語》的作者是誰？

《論語》是孔子自己寫的書嗎？若你的答案是「是」，這誤會可大了！你可能會想反駁：「《論語》記的多半都是孔子說的話，怎麼會不是他寫的？」事實上，《論語》是孔子的弟子與再傳弟子（弟子的弟子）們，在孔子去世後，為了記錄老師的言行而慢慢編成的，最早要到戰國時才大致完成呢。

Q 《論語》裡寫些什麼？

既然《論語》是孔子的弟子與再傳弟子們為了記錄老師的言行所編的書，所以書中記錄了孔子回答弟子、當時的人們的言論，以及弟子們的一言一行。這種記錄片斷言行的書寫方式，也就是所謂的「語錄體」。此外，由於孔子重視道德修養與社會倫理，故《論語》的內容大部分在談「仁」、「禮」、「道德」，其餘則涉及政治、為學、對當時人物的評論等。可以說，《論語》是我們要了解孔子的思想最重要的一本書。

原來如此

Q 《論語》的篇目有哪些？
怎麼看起來好奇怪？

《論語》從〈學而〉到〈堯曰〉共有二十篇，會有這麼怪的名字是因為古人編寫書籍多半沒有標篇名的習慣，所以後來的人就拿每篇的前兩、三個字來命名，各篇的篇名沒有特殊的意義，只是為了方便區別而已。以下是《論語》的詳細篇目名稱，要注意第一、第二只是一種排序，不能算是篇名的一部分喔！

論語篇目表

學而第一　　　　　　　　先進第十一

為政第二　　　　　　　　顏淵第十二

八佾（一ˋ）第三　　　　子路第十三

里仁第四　　　　　　　　憲問第十四

公冶（一ㄝˇ）長第五　　衛靈公第十五

雍也第六　　　　　　　　季氏第十六

述而第七　　　　　　　　陽貨第十七

泰伯第八　　　　　　　　微子第十八

子罕第九　　　　　　　　子張第十九

鄉黨第十　　　　　　　　堯曰第二十

深入了解孔夫子

孔子的哲學思想不僅影響全東亞，連在西方也廣為人知，是世界史上有名的思想家，與西方的大哲學家蘇格拉底齊名，被西方人稱為「東方的蘇格拉底」。這樣一位偉大的思想家，我們當然應該好好認識他啦！

Q 孔子是什麼時代的人？

孔子生於魯襄公二十二年（西元前551年），於魯哀公十六年過世（西元前479年），是春秋時期的魯國（即今中國山東省曲阜縣）人。雖然孔子生活的時代距今已有兩千多年，但時至今日，我們都會紀念他的誕辰——9月28日，並將這天定為教師節。

Q 孔子到底叫做孔老夫子、孔丘、孔仲尼還是孔夫子？

事實上，「孔子」、「孔夫子」、「孔老夫子」都是後人給的美稱。孔子的本名叫孔丘，字仲尼，傳說他的母親因向尼丘山祈禱而有了他，為了感謝上天的恩賜，才這樣為他命名。

Q 為什麼孔子被尊稱為至聖先師？

在春秋時代，能受教育的只有貴族與官吏。而孔子首開私人講學的風氣，致力於教育的推廣，有教無類、因材施教，只要是有心學習的人，不論貧富或智力的高低，他都願意教導，讓平民也有受教育的機會。也因為他在教育的成就，後人尊稱他為「至聖先師」。

Q 孔子既然這麼厲害，那他的一生一定
很順遂囉？

事實上，孔子的一生起起伏伏，大多數的時間都過得很辛苦。以下
我們就來看看他的生平簡表吧！

這樣清楚
多了

孔子生平簡表

西元	魯國紀年	年齡	事跡
西元前551年	魯襄公二十二年	1歲	孔子出生
西元前549年	魯襄公二十四年	3歲	父親過世
西元前533年	魯昭公九年	19歲	孔子娶宋國人亓（く一ˊ）官氏的女兒為妻
西元前532年	魯昭公十年	20歲	隔年兒子出生，將兒子命名為鯉，字伯魚
西元前522年	魯昭公二十年	30歲	開始收徒講學，讓平民也有受教育的機會
西元前517年	魯昭公二十五年	35歲	魯國內亂，帶弟子前往齊國
西元前515年	魯昭公二十七年	37歲	齊景公表明無法任用孔子為官，於是孔子回到魯國
西元前501年	魯定公九年	51歲	擔任中都的地方官
西元前500年	魯定公十年	52歲	開始政治生涯的高峰，代表國家和齊國進行談判
西元前497年	魯定公十三年	55歲	魯國國君沉迷女色，孔子因而失望地離開魯國，帶著弟子開始周遊列國
西元前484年	魯哀公十一年	68歲	歷經近十四年的奔波，孔子總算回到故鄉，致力於整理古籍與教育
西元前479年	魯哀公十六年	73歲	孔子過世

登場人物

孔門四科十哲

孔子門下相傳有三千多位弟子，其中傑出的有七十二位，而特別傑出的則有十位，按照科目分為德行、言語、政事、文學四科，所以人稱「孔門四科十哲」。

德行

顏淵
名回，字子淵。個性溫和謙虛，是孔子最得意的弟子，後世稱為「復聖」。

閔子騫
名損，字子騫，以孝順聞名。

冉伯牛
名耕，字伯牛，不幸身染惡疾，讓孔子非常難過。

仲弓
姓冉，名雍，字仲弓，孔子曾稱讚他個性寬容，能當個諸侯。

言語

宰我
姓宰，名予，字子我，以擅長言辭著稱。

子貢
複姓端木，名賜，字子貢，衛國人。擅長言辭、外交和經商。

政事

冉求
字子有，也叫冉有。有傑出的政治才能，更擅長理財，曾擔任魯國諸侯季氏的幕僚。

子路
姓仲，名由，字子路。為人勇武、衝動，誠信守諾，擅長政事。

文學

子游

姓言，名偃，字子游，吳國人，以擅長文學著稱。

子夏

姓卜，名商，字子夏，擅長文學，是孔子後期弟子中的佼佼者，後來在西河講學，傳遞孔子的學說。

其他弟子

曾參

字子輿，以孝順聞名，相傳《大學》、《孝經》為其著作，被尊稱為曾子。

司馬牛

複姓司馬，名耕，字子牛，個性多言而急躁。

正義
阿宏的好友，個性正直，常常要調解阿宏和家妤的爭執。

小櫻
班長，聰明能幹的小女生，是朋友們的智囊。

孔夫子
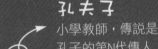
小學教師，傳說是孔子的第N代傳人，喜歡在課餘時透過E-mail信箱解決同學們的疑難雜症。

阿宏
調皮搗蛋、喜歡吐槽的小男生，常惹得朋友們火冒三丈。

家妤

俏皮活潑的小女生，最喜歡和阿宏鬥嘴，每天像小麻雀一樣靜不下來。

孔子五十五歲時，
因為齊國送給魯國一批歌姬與美女，
魯定公沉迷其中而忘了上朝，於是孔
子失望地帶著弟子開始周遊列國……

嘿～
我們走吧！

再會啦！無
緣的故鄉～

總算是
回來了啊～

孔子周遊列國
路線圖

由於春秋時期戰爭頻繁，沒
有固定的國界，故此路線圖
的國界僅供參考，主要用於
標示孔子所經過的國家。

秦

第
7
站 在孔子六十八歲時，
魯國大夫季康子派人迎回孔子，
經過近14年顛沛流離的生活，
孔子總算是回到了故鄉，
專心於整理古籍與教育。

第
6
站 後來，孔子總算到了楚國，
原先楚昭王想重用孔子，
但遭到臣子阻攔，
於是孔子只在此講學一段時日，
便在弟子的請求下回到衛國。

第
2
站
孔子先來到了是衛國，衛靈公不但
沒有重用孔子，還拿孔子炫燿，
要孔子坐在他與夫人後面的車子一
起招搖過市，讓孔子引以為恥。

哼！

第
3
站
孔子因此離開衛國來到宋國，
在大樹下講學，
沒想到宋國的官員桓魋
（孔子弟子司馬牛的哥哥）
竟然想謀害孔子，
派人把大樹砍倒了。

燕

齊

晉

衛

魯

周 鄭 宋

陳

蔡

楚

吳

第 4 站
孔子來到鄭國卻與弟子
失散，獨自站在城門旁。
鄭國人形容孔子
「累得像隻喪家之犬」。

唉！

君子也會有
這麼窮困的
時候嗎？

第
5
站
孔子在陳國時接到楚國的邀請，於是欣然前
注。沒想到陳、蔡兩國害怕孔子被楚國重用，
將孔子與弟子一行人圍在陳、蔡野外，
使他們絕糧七天，許多弟子因而病倒。

01.說話
的藝術

鄉原，
德之賊也！

——陽貨第十七・十三

論語時代劇場

修養好的人不是不會生氣，即使是孔子，也有大發雷霆的時候，只不過不是為了一些雞毛蒜皮的小事。曾參就見過這麼一次。

「換了別人，路過我門口不進來聊聊我都會感到可惜，但是他，我一點都不在意！」孔子憤怒地數落著，突然看見愣在門口的曾參，一時之間不知該如何回應，便板著臉不吭聲了。

曾參知道孔子在說齊國那個小有名氣的貴族，據說當地的百姓都很推崇他。可是在孔子眼裡，他不過是個偽君子，只要不得罪人，不讓人抓住把柄來責備自己，任何道義、原則都可以違背。這樣的人孔子多半能不理就不理，所以曾參有點奇怪老師竟會這麼激動。

「算了，老師。我們和他的想法本來就不同，何必如此生氣呢？」

啊！！我最痛恨假貨啦！

老師，冷靜！冷靜……

孔子漸漸冷靜下來，嘆了口氣說：「你知道，我畢生的理想就是要讓世上絕大多數的人都能和諧相處，所以我努力為更多人講述仁、禮、道德。沒想到因為多數人認為這是現在流行的好東西，有人因此為了得到美名而作假。這些人最大的害處就是讓很多人背離真正的目標。這就像有些雜草魚目混珠，看起來很像稻子，讓農夫不易察覺，在收成時才發現損失慘重，它們的害處可比一眼就能分辨的雜草要大得多！真正的君子應該被好人推崇，受壞人忌恨，要是人人稱讚，一定是偽君子，善良的人要能察覺其本質也特別困難。」

曾參默默記住了這番話。後來，他告訴了孔子的孫子子思，子思又把它傳給孟子，性格鮮明的孟子也因此對偽君子更加反感了。

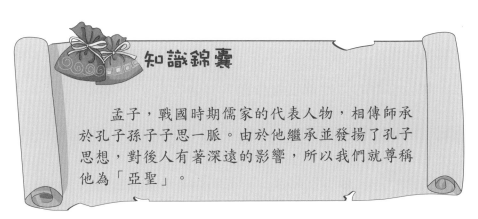

知識錦囊

孟子，戰國時期儒家的代表人物，相傳師承於孔子孫子子思一脈。由於他繼承並發揚了孔子思想，對後人有著深遠的影響，所以我們就尊稱他為「亞聖」。

夫子名言解析

這個字在這裡唸ㄩㄢˋ喔！

子曰：「鄉原，德之賊也！」

孔子說：「鄉愿是傷害道德的人。」

❶ 鄉是古代的行政區，具體情況已不詳，而且歷代均有變化，比較通行的一種說法認為一萬二千五百戶為一鄉。

❷ 原、愿在此讀音、意思相通，所以鄉原今日多寫作鄉愿，指在一鄉中公認老實厚道但事實上人品低劣的偽善者。

❸ 賊，傷害者。

名句充電時間

許多事物都有自己的特色，差別明顯，不易混淆。最怕就是以假亂真，讓人困擾的事物。《呂氏春秋》有一篇文章專門討論這個話題，篇名就叫《疑似》，開篇說：

「使人大迷惑者，必物之相似也。」

似是而非的事物一直困擾著各行各業的人，好像永遠無法徹底解決。也正是因為常被迷惑，很多人也會像孔子一樣厭惡「鄉愿」。到了後來，人們發明了一個更為淺顯易懂的詞——偽君子，在表達厭惡的時候就說：「寧做真小人，不做偽君子。」如此一來鄉愿一詞漸漸就不常用了。

❶《呂氏春秋》是戰國末年秦國丞相呂不韋組織屬下門客編寫的雜家著作，又叫做《呂覽》。

鄉原在《孟子》裡寫做鄉愿，這在古代文字裡是一種常見的通用現象，注解常會告訴我們某字通某字，或某字同某字。

這裡的原、愿相通卻是一個比較複雜的特例，其他相通多是簡單的互相對應，這兩個字卻各自又牽扯了另外一字。

先說「原」。這裡的原、愿相通在別處是幾乎用不到的，換句話說，就是只有鄉原的「原」才通做「愿」。古代文字的「原」和「源」互相相通才是常見的情況，我們現在用「原」字的許多意思都從「源」而來。源是水源，河水流淌，水源必定在最前端，原來、原本、原樣、原先等詞語中的「原」都與事物的源頭或先前的意思有關。

再說「愿」。愿的意思是質樸、恭謹，現在除了鄉愿一詞外，其他地方幾乎不會用這個字。另外有一個同音字「願」卻很常用，如：願意、願望、許願等。這兩個字在古代其實常被混用，如：許愿。結果，冷僻的「愿」字就有點吃虧，常被借走，越來越少人知道「愿」字一開始只有質樸的意思。要注意的是，「愿」在古代文字裡有時雖然可以通「願」，不過「愿」解釋為質樸時，「願」可就不能取而代之了！

孔夫子 Mail box

寄件者：阿義

收件者：xxxx@魯國.com

主旨：緊急事件！SOS！

老師好！

　　阿義我發現自己大事不妙了！小時候大人總教育我要和同學和睦相處，我都有照辦，和同學相處總是「隨和」第一。結果現在就變成同學什麼爛事都丟給我！若是班上的事情我也認了，那個路人甲同學竟然還要我幫他寫作業！唉，什麼嘛！昨天學了《論語》我才明白，我不是鄉愿嗎我？

阿義　敬上

收件者：阿義

主旨：Re：緊急事件！SOS！

阿義好！

　　我很喜歡你寫信和說話都一樣直來直往的風格！不過，我們已經學過怎麼寫信，以後別的場合未必都能隨便用這種自由的方式寫信，千萬要注意哦！

　　題外話打住。我們現在必須分成兩件事來說。先說鄉愿，這個詞經過了兩千年，到現在已經和最初的意思有著細微的差別。但相同的是，它們都指那些不講原則、不辨是非，胡亂討好別人，只求不被批評的那種人。這樣看來，阿義你絕非鄉愿！你有明確的原則，你想與人為善，並

不是浪得虛名的偽君子。真正的鄉愿是像金庸小說中號稱「君子劍」的岳不群，他處心積慮瞞騙所有人，表面上打著君子的名號，私底下卻為了習得絕世武功而偷取劍譜、殺人滅口，甚至嫁禍給徒弟，所作所為完全名不副實。

再說你現在的問題。如果你鄉愿，那是品德問題，要改可就難了。幸好現在不是，你只需要學會不要輕易答應別人就好了。熱心助人或為人隨和，都是值得稱許的優秀品行，不過一旦方法有問題，麻煩也會隨之而來。你很隨和，不輕易拒絕別人，又想做到言出必行，結果自然會因忙不過來而覺得有壓力。問題就出在這裡，其實隨和沒有錯，言出必行也沒有錯，但兩者有衝突時不加取捨，那肯定會出錯——會變成空口說白話。

好了，阿義你這麼聰明，不用我多說了吧？寫作業的事嘛，你自己好好思考，自己去處理。

★★★★★★★★★★★★★★★★★★★

孔夫子

魯國論語學院專任教師
無名市儒家區教育路1號
電話：（00）1234-5678
mobile: 0900-123456
mail: xxxx@魯國.com

★★★★★★★★★★★★★★★★★★★

道聽而塗說，
德之棄也！

——陽貨第十七・十四

論語時代劇場

　　孔子五十多歲時做了魯國的地方長官，這與他在教育事業上的成就相比，實在微不足道，更多的人還是稱他為老師、夫子。不過，當官也有好處，至少他有機會去太廟觀摩。太廟是祭祀魯國始祖周公的地方，那裡保留著全套的祭禮，大致還是維持西周初年的樣子，在別處早已不容易看到了。

　　禮制是孔子一生最勤於學習的內容之一，到了太廟，他可以逐一對照、確認在文獻中看到的許多細節。所以，身處太廟裡的孔子像個好奇的孩子，拉著祭司東問西問：

　　「這個東西叫什麼名字？」

「這段樂曲是什麼來歷？」

「這個舞蹈有什麼含意？」

祭司從沒碰過這麼難滿足的好奇寶寶，煩透了，又不便對地方官發火，只好含蓄地說：「我總是聽人說孔夫子對禮制上的事知道得最多，怎麼會有這麼多問題想問呢？」

孔子平靜地答道：「我正是依照禮制，在您這兒詳細詢問。要是我隨便在大街上聽信什麼說法就到處亂傳，那不僅是不合禮制，而是缺德了！」

祭司覺得有道理，只好繼續講解，直到孔子滿意為止。

夫子名言解析

同「途」，指道路喔！

子曰：「道聽而塗說，德之棄也！」

孔子說：「道聽途說是違背道德的做法。」

注解 ❶ 棄，違背、遺棄。

名句充電時間

　　空穴來風、未經查證的話語被不負責的人們一傳再傳，最終很可能造成禍患。這種被迅速傳播而真假難辨的話今人稱之為謠言，古人多稱流言。謠言的傳播不是一個人所能完成的，每位參與者都在其中起了作用。因此，孔子認為散佈謠言的行為與道德有關，而稱之為「德之棄」。

　　傳播流言者除了少數是別有用心，大多是不假思索便信以為真的人。正因為有許多人沒有仔細分辨，才使得根本經不起查證的流言越傳越真，從而混淆了是非，擾亂了人心。荀子說：

「流丸止於甌臾，流言止於智者。」

　　若人人能明辨事非，對自己的話負責，又哪裡會有謠言呢？

注解

❶ 荀子（音ㄒㄩㄣˊ　ㄗˇ），名況，字卿，也稱孫卿，戰國時代的思想家，儒家重要代表人物，著有《荀子》。

❷ 「流丸」指滾動的彈珠，「甌臾」（音ㄡ　ㄩˊ）都是陶土製成的器皿，四周高，中間低，用來比喻地面凹陷不平的地方。

　　道聽途說一詞在《論語》中首次出現時就帶有明顯的負面色彩，但平心而論，誰不喜歡在茶餘飯後閒聊，將生活中的大小事加油添醋一番以吸引聽眾呢？若是說什麼都要牽涉道德，要關乎政治，那多累呀！

　　於是，就有人專門蒐集這些街談巷語供人消遣，而這種人後來被稱為小說家。小說家歷代都有，也很受歡迎，後來，小說變成一種專門的文體，指描寫人、事、物，有完整的主題與情節的文學作品。如今，恐怕家家都不難找到幾本小說了。

　　相比於正經嚴肅的經史詩文，<u>過去小說的地位不高，甚至被視為「不入流」，所以小說家會用很多詞彙來謙稱自己的作品，有時候叫談助或談資</u>，指閒談用的東西；<u>有時候叫做耳食</u>，這是個調皮的說法，用耳朵吃東西當然吃不出味道，就像道聽途說的小說，都是一堆沒有根據的傳聞；<u>有時候叫做讕言長語</u>，指瞎說的廢話。

　　清朝的學者紀曉嵐就搜集了很多奇聞軼事整理成小說，一部取名《姑妄聽之》，指隨便聽聽；另一部則借用佛經常用的開頭四字，稱為《如是我聞》，表示內容都是聽說而來。這種有趣的書名也算是相當另類的謙稱了。

---

❶「讕」唸作ㄌㄢˋ，有抵賴、誣陷的意思，所以讕言指不實的言詞。

❷ 紀昀，字曉嵐，清代學者，也是中國歷史上最大的叢書《四庫全書》的總編。

在生活中，難免會聽到各種謠言。謠言的誕生，有時出於無聊，也有別有圖謀的，但這總是極少數人。<u>一個成功製造混亂的謠言，需要的是大量輕信並傳播它的道聽途說的人，而這些人都曾經有能力用事實或分析來攻破謠言，但他們卻沒有這麼做。</u>

這個字唸ㄐㄧㄢˇ喔！

話說北宋仁宗時荊南一帶的軍隊發生騷動，四處有傳言說倉庫裡的糧食發霉，軍隊將沒有糧食可吃了。為了解決這件事，新上任的長官鄭戩開始動起腦筋。首先，他親自悄悄沿著各個穀倉看了一遍，只見穀倉完好，裡面的糧食也沒有壞掉，很明顯地，糧食發霉不過是個謠言罷了。

> 我一定要查出糧食發霉的真相！

> 難不成這就是飯不能亂吃，話不能亂說？

> 這句話不是這樣用的啦！

過了幾天，是個萬里無雲的好天氣，鄭戩把地方官吏、軍隊將領都請來吃飯。酒足飯飽之後，鄭戩問道：「各位今天吃得是否盡興？」

「味道不錯，多謝大人！」大家紛紛答道。

「你們吃的就是傳說中發霉的糧食！」鄭戩一個字一個字地說道：「到底是誰說倉庫裡的糧食變質了？」

就這樣，謠言徹底破滅了。

剩下的就是查出謠言散佈的原因。這一點都不難，在捕快的四處查證下，很快就發現事件的起因其實是有人偷盜官糧，想靠謠言來掩蓋自己的罪責而已。

大部分的謠言在事後看來都是那麼愚蠢，那麼經不起查證，大概也就是這個原因，孔子才把那些不負責任、道聽途說的行為看成是道德問題而不是智商問題。

巧言令色

論語時代劇場

別繞了,你繞得我頭都暈了!

有一天,樊遲忽然感嘆道:「老師,做人還真是難,有那麼多煩心事讓人不知該如何是好!」

樊遲從前是個農夫,後來拜孔子為師,因傑出的學習成就被魯國的大貴族請去當幕僚,與孔子的另一個學生冉求一起共事。孔子知道樊遲這孩子品行雖然很好,但不擅長複雜精密的思考,於是,他

老師!我最近真的好煩好煩!做人怎麼會這麼麻煩!……

輕鬆地笑了笑說:「做人不難啊!你看,我們平時常常將『人』和『仁』兩個字混用,所以說,只要能做到『仁』就是一個很不錯的人了。」

樊遲依然很苦惱。「那『仁』又是什麼呢？怎樣才算做到『仁』呢？我每天遇到亂七八糟、令人心煩的事情時，到哪裡去找這個『仁』呢？」

孔子點點頭：「能這麼想，說明你對自己有要求，這樣很好！簡單地說，『仁』就是在家規規矩矩、做事認認真真、和人交往實實在在。」

樊遲笑了：「這簡單啊，要我耍心機我還不會呢！」

孔子認真地說：「聽起來是很簡單，但要每件事、任何時候都做到卻不容易。記住，通常那些把話說得特別動聽、臉色特別和善的人，很少有達到『仁』的標準的。」

「『仁』就是不要心機，很簡單嘛⋯⋯呃，要心機是什麼啊？

「這樣啊⋯⋯」樊遲想著自己生活中經歷的種種人和事，陷入了沈思。

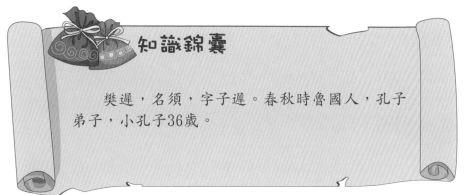

知識錦囊

樊遲，名須，字子遲。春秋時魯國人，孔子弟子，小孔子36歲。

夫子名言解析

在這裡唸ㄒㄧㄠˇ，表示「少」的意思。

子曰：「巧言令色，鮮矣仁。」

孔子說：「滿口花言巧語，並把自己的神情外貌修飾得無比和善的人，絕少有能夠達到仁人標準的。」

 注解

❶ 這裡的巧、令兩個字，都是「好」的意思。

名句充電時間

　　莊子是比孔子稍晚的另一位著名思想家，他的思想與孔子有很大的區別，但同樣對世事有著深刻的洞察，也贏得後人的尊敬。莊子最愛用通俗而有趣的寓言講道理，他曾經在一個寓言故事中借孔子之口說道：

「好面譽人者，亦好背而毀之。」

　　其實，孔子所說的「鮮矣仁」還比較委婉含蓄，莊子借孔子之口所說的話就像是一把犀利的寶劍，他直接揭開了那些小人不見陽光的另一面——不管你是誰，平白無故當面說那麼多好話做什麼？喜歡當面一直稱讚別人的人，一定也喜歡背後說人壞話！道理很簡單，當面說我的好話，免不了貶損旁人；到了旁人面前，我自然就成了他貶損的對象了。

 注解

❶ 「好」在這裡是動詞「喜歡」的意思，要唸作ㄏㄠˋ。

「令」本來是一個象形字，上面的亼像一張嘴向下發令，下面的マ是一個跪著的人在那裡接受命令。所以，這個字最常見的意思就是命令、發令。

下命令總不免和長官有關，所以許多官名中都有這個字，常見的有縣令、太史令之類。楚國有個官名叫做令尹，職責大致相當於後來的宰相、總理。尹是治理、總管的意思，從字面上說，令尹就相當於總管各種命令的人，和司令差不多。古人喝酒很有規範，不能耍賴，於是形成酒令，命令誰該喝酒。一開始酒令有點像軍令，比較嚴肅，後來人們用詩詞謎語之類的文字遊戲作酒令，「令」因此和文學產生聯繫，宋詞中較短小的格式我們就稱之為小令。而後，命令的意思被淡化，成為讓人如何、使人怎樣的含義，被當作一個動詞使用，如：令人高興。

除了由命令的意思產生出的種種分支，令字還有美好的意思，巧言令色就是這個用法。現在我們尊稱他人的父親為令尊、母親則稱令堂、兒子叫令郎、女兒叫令嬡，就是從「好」的意思演化來的。人與人交往，講究尊重對方，所以稱對方親屬就在前面加一個表示「好」的字。如果是自稱就用一些謙卑的字眼，比如自稱為愚兄，自己的太太稱為拙荊、賤內等等。有人望文生義，以為「令」字別有一個意思是「你的」，這下誤會可大了呢！

即明世宗，在位四十五年，年號嘉靖。

　　明朝有個嘉靖皇帝，皇帝請得起最好的老師，自然曾學過《論語》，也熟悉「巧言令色」之說。可是就在他執政時，出了一個歷史上著名的奸臣嚴嵩，而嚴嵩的看家本領正好就是巧言令色。

　　嘉靖皇帝最大的愛好是研究道教，道教裡有種帽子叫做香葉冠，嘉靖皇帝覺得很有意思，想辦法弄來了一頂。他試著戴了戴，覺得不錯，於是想到幾位近臣，乾脆叫人一次作了五頂，還特地用高級的香水浸過，作為小禮物分別送給夏言、嚴嵩等人。夏言是個正直嚴肅的大臣，收到之後覺得不妥，又把禮物送了回去，還附上一封信，說這帽子不是做為臣子應該穿戴的，所以不敢要。

音ㄙㄨㄥˊ

原來奸臣也不好當啊！

皇上送了這麼多帽子，真不知今天該戴哪一頂才好……

嚴嵩的處理就高明了。皇帝送了小禮物，當然要千恩萬謝地收下，以免折了皇帝的面子。其實對這頂帽子，嚴嵩並沒有特別喜歡，但他知道怎麼利用。幾天後，皇上召見群臣商議國事，嚴嵩便把香葉冠戴上。可是，不能光戴這帽子，這樣既不合禮數，也太招搖，要拿正規的官帽罩上才行。但罩得太緊密也不行，那就白戴了，要露出一角……果然，這個打扮比說什麼都管用，皇帝看在眼裡，感動在心底，說完正事還特地把嚴嵩留下來談心。皇帝也不是為了談帽子的事，只是想聊一聊，紓解一下壓力。這樣的大好機會，嚴嵩當然不會放過，說著說著，嚴嵩就開始一把鼻涕一把眼淚地哭訴夏言如何欺負他。

音ㄋㄧㄢˇ，趕走的意思

於是，阻礙嚴嵩平步青雲的夏言立刻被攆走了。

嘉靖皇帝讀過《論語》，照樣上了巧言令色的當。可見，讀書不容易，要把讀書所得真正融進人生更不容易。今天，我們也讀《論語》，從這個故事中是否可以品味出一些道理呢？

君子恥其言而過其行

——憲問第十四·二十九

子路是弟子中最率直的一個，總是不停地用嘴巴「闖禍」，孔子也只能不斷地提醒他。

某天，子路、曾晳等幾個弟子都在孔子那裡閒談。孔子說：「你們平日常常埋怨不被人了解，現在你們就各自說說自己的理想吧——如果有人願意重用你們，給你們足夠的發揮空間，你們覺得自己能做出一番怎樣的事業呢？」

老師的聲音還沒消失，

今天的討論主題是——我的志願！

我先說！

又來了……

子路的眼睛已經發亮：「要是我，有一個中等大小的國家，外有強國欺侮，內有饑荒動亂，給我三年時間，我就可以使國內人人英勇善戰。嗯，還都懂得做人的道理！

孔子邊聽邊笑邊搖頭，讓子路感到一頭霧水。

等大家說完自己的理想，孔子作了個簡單的評論：「你們都說得很好，對自己的能力也有清楚的認識，但子路你實在是太急了。要想治國做大事，一點禮讓的精神都沒有，那可不行啊！而且，說話前應該先動動腦，想想自己到底做不做得到，一旦言過其實，那可是很丟臉的呀！……」

經過孔子長期的教誨，子路轉而將自己的衝勁都用在了實踐上，很多師兄弟都十分佩服子路勇於實踐、勤於實踐的精神。

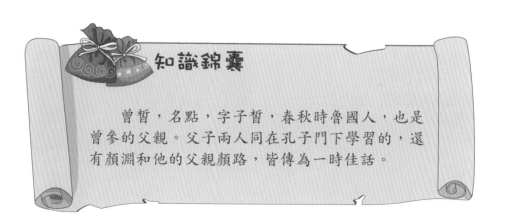

知識錦囊

　　曾皙，名點，字子皙，春秋時魯國人，也是曾參的父親。父子兩人同在孔子門下學習的，還有顏淵和他的父親顏路，皆傳為一時佳話。

夫子名言解析

子曰：「君子恥其言而過其行。」

孔子說：「君子對自己的言談超過了行動會感到可恥。」

夫子名言解析

　　話說過了頭，總會出問題。如果是和自己有關的言論，那就不免和友情、工作有著緊密的聯繫，難免有所損傷。對此，古今中外的人們都有著相同的看法，劉備就曾在臨死前告誡諸葛亮說**馬謖**這人「言過其實，不可大用。」後來，這話也不幸應驗。而孔子在《論語》中還說過：

「古者言之不出，恥躬之不逮也。」

　　無數哲人和往事的經驗已經告訴我們，對說大話的人要多加提防。在這裡孔子更把說大話定義為可恥的行為。顯然，只要是說大話，哪怕最後僥倖完成了，先前不負責任，只顧一逞口舌之快的行為，也是一種有失個人修養的表現。

❶ 謖，音ㄙㄨˋ。馬謖，字幼常，是三國時期蜀漢的參謀，深受諸葛亮信任。

　　文言文用字簡練，雖說有很多好處，有時也會有麻煩，最大的麻煩就是可能會產生歧義。古書流傳久遠，傳抄翻刻也難免出錯。這兩大原因加起來，就使我們讀古書常常要猜測，不只一般初學者要猜，專家也常常如此，一些可疑的句子，誰猜的有道理，能接受的人多，大致也就這樣子決定下來了。

　　「君子恥其言而過其行」按常規解釋，是說君子以言過其行為恥。看上去沒什麼問題，但有人覺得這種解釋是如此分割句子的：君子／恥／其言而過其行。這樣切割不是很彆扭嗎？不說不在意，這麼一說，看來是有點奇怪了。這九個字按常理應該是這樣分割才對：君子／恥其言／而／過其行。於是，就有人絞盡腦汁要用這種分割法解釋這句話，便把這個「過」解釋為超過，再引申一下，句子的大意就變成了：君子以誇大言談為恥，而行動時總是力求做得更多更好。

　　這種解釋你能接受嗎？

　　不能？若告訴你這樣解釋的人是宋朝大儒**朱熹**，是不是有點動搖了？

　　最後，再說一個不幸的消息：歷來學者對朱熹十分推崇，但這句話明清的大多數人是不同意他的。

　　讀古書就是這樣，很多問題沒有標準答案，只有贊同與否。積累到一定水準之後，你也可以參與、發言。這就是讀書的難處，也是讀書的樂趣。

---

❶ 朱熹，南宋著名儒學家，元朝以後歷代科舉考試中關於四書的內容解釋都以他的《四書集注》為準。

言過其行在許多情況下只是表現出一個人的張揚和浮躁，嘴上說得頭頭是道，真做起來不免眼高手低。這樣的人或許並非有意要這麼做，但對旁人而言，總是「騙得了一時，騙不了一世」，過了一段時間自然不被熟知的人信任，所以孔子說這樣的人可恥。

然而，在一些特別的情況下，正好遇到緊要的事情時被這樣的人一時蒙蔽，把他所說的話信以為真，那可就損失慘重了。前面我們提到三國時代的馬謖就是這樣的例子。

很多人知道馬謖這個名字，是透過戲劇或三國故事。在《三國演義》裡，馬謖是襯托重要人物諸葛亮的配角，也是深受諸葛亮所倚重的參謀。諸葛亮有一個精彩的戲段叫空城計，這個故事可以說家喻戶

曉。用空城計把強敵嚇跑，這當然是很了不起的，可仔細想想，堂堂諸葛亮竟被逼到要用這樣的辦法來應敵，豈不是很狼狽？於是，小說便把諸葛亮被迫用空城計的原因歸咎為馬謖作為先鋒官，先一口答應諸葛亮一定可以守下街亭這個戰略要地，但實際作戰時卻只憑著兵書上的理論，不聽屬下的勸告，一定要在高處紮營，結果被敵人切斷水源而受到圍困，丟失了戰略要地街亭。而劉備生前恰恰就專門提醒過諸葛亮，說馬謖這個人「言過其實，不可大用」。

　　在歷史上，諸葛亮的失敗有著很複雜的原因，不像小說寫得那麼吸引人，或許當時的戰鬥細節並非如此，但馬謖打了一場很致命的敗仗是事實，劉備多年以前的預言也是事實。最重要的是，馬謖也正因言過其實而闖下了大禍。

要是我，一定可以做得比馬謖更好！

我看你就像戰敗的馬謖一樣，準備被軍法處置了。

君子和
而不同

——子路第十三‧二十三

論語時代劇場

　　這一天，幾個弟子正為一個話題爭論不休，大嗓門的子路忽然嚷道：「看看我們臉紅脖子粗的樣子，簡直都成了一群小人了！」

　　本來，幾個師兄弟都在和他爭辯，聽他這樣說，大家都覺得自己有點失態。眾人的目光不禁落在了孔子身上。

　　孔子微微一笑：「仲由啊，我們平時說君子小人，只是姑且用這樣的詞來區分不同的人，就像好人壞蛋，哪裡能僅用某一種具體表現來判斷呢？」

　　子路想了想，的確有道理，不過還是有點不服氣：「雖說是相對的，那也還是有區別

啊！這麼吵翻了天，到底是不像話的嘛！」

「剛才大家爭的是做人的道理，說明大家都有共同的追求和自己的思考。問題爭完了，大家還都是好朋友。要是換作一群小人，他們肯定不會為了道理原則去爭執。為了利益，他們一定會表面上十分融洽，而暗地裡卻互相算計、互相提防。」

子路叫道：「那多沒意思啊！」

孔子笑了，大家都笑了。

在這裡唸ㄏㄜˊ，表示
和諧相處、相輔相成。

子曰：「君子和而不同，小人同而不和。」

孔子說：「君子之間能和諧相處，遇事又能各自保持獨立的原則；小人之間則無原則地互相勾結，事實上卻並不和諧。」

❶ 同，指盲目附和同意，無所差異。

名句充電時間

　　西漢的淮南王劉安招攬了許多讀書人做他的門客，他們共同編寫了一部《淮南子》。《淮南子》的內容思想很雜，包含了各家觀點的論述，當然也有發揮儒家思想的語句。這本書的〈人間訓〉篇中就有：

「聖人先忤而後合，眾人先合而後忤。」

　　這話可以看作孔子和、同之說的翻版，只不過把君子、小人的說法換成了聖人、眾人，但基本觀點是一致的：人都有不同的經歷、不同的天性，真正的交誼應該是在雙方認可的共識下有各自觀念、想法上的差別。如果彼此沒有任何分歧，那一定是至少一方為了某種目的而刻意隱藏。有目的友誼，你覺得能算作真正的友誼嗎？

❶ 忤，音ㄨˇ，違逆、觸犯。

學習
補給站

漢字數量龐大，歷史悠久，其中發生的種種變化也非常有趣。

造字一開始多半是象形字，看見某樣東西，把形貌大概畫下來就成了一個字。漸漸地，必然會接觸到一些要用但又無法直接畫出來的，所以就有了指事、會意等其他造字法。

然而，還有一小部分字常用，卻很難用現有的造字法創造，那就是我們今天也常用的虛詞。比如「而」，只有用法，沒有實際意義，更不要說有具體形象可以直接畫出來。怎麼辦呢？古人碰到這種情況就去借，借一個已經有的、發音差不多的字來當這個虛詞用。「而」本來就是一個象形字，上面一橫是鬍子的根部，底下分內外兩層分別表示上下鬍鬚。後來，人們都只知道「而」作虛詞用，反而把它本來的意思忘了。與此類似的還有「其」，原本只是一個畚箕的象形；「無」，其實只是一個拿著羽毛跳舞的人；「來」，最初是畫一株麥苗，這個字被借走之後人們發現「麥」也很常用，於是在「來」的下面加了隻腳成了「麥」，原本的麥子被借去當作「來」後就再也不還了。

對我們來說，首要的任務是掌握現在通用漢字的基本用法，關於造字的源頭只是一種趣味常識，不妨了解一點，至於要全面地認識，那可是一門很深的學問，而且，其中有許多問題連專家們的意見都不一致呢！

孔夫子Mail box

寄件者：小庭

收件者：xxxx@魯國.com

主旨：我該如何是好？

親愛的老師：

　　記得您說過，每個人都需要朋友，每個人也都可以透過待人真誠和努力得到真正的朋友。可是，為什麼我盡力做到待人真誠，卻總那麼孤單？和同學來往，我常常盡可能地犧牲自己的願望和觀點，可這樣的努力不僅沒有使我得到我想要的友誼，反而讓我感到自己漸漸處於群體的邊緣，這究竟是什麼緣故呢？

學生　小庭　敬上

收件者：小庭

主旨：Re：我該如何是好？

我想，你有點誤會了我的意思。

朋友，是不是相同之處越多越好？如果能有複製人，想像一下，自己的翻版一定會是自己最好的朋友嗎？你周圍或你所知道的令人羨慕的好朋友都是有許許多多相同之處的嗎？事實上，好朋友往往可能只有一兩個基本的相同點，在其他方面卻有些差別，甚至是相反的。

　　維勒（Friedrich Wöhler）和李比希（Justus von Liebig）是十九世紀德國兩位著名的化學家，兩人從二十多歲開始合作，關係一直很好，後來更共同成為有機化學的創

048　論語故事輕鬆讀

始人。熟悉他們的人都說：維勒是一盆冷水，他溫柔平和，有耐心，有見識，卻顯得缺乏生氣；李比希是一團烈火，他有強烈的自信，愛奮鬥，肯犧牲，總那麼活力四射，吸引眾人的目光。然而正是正直無私的品行和獻身科學的理想使他們最終成為志趣相投的知己，共同創造了輝煌的研究成果。

　　如果能明白朋友的真實含義，那麼真誠和努力也就不會是刻意去模仿或追隨別人，那樣不僅得不到友誼，反而會讓人輕視你，甚至懷疑你的品行。

　　「君子和而不同，小人同而不和。」真誠，應該是把自己的思想和內心如實地呈現出來。當然，坦誠展示自我不等於無禮地冒犯別人，也要注意方法。但如果流於沒有原則的附和、同意他人的意見，要想得到真正的朋友，那可真是緣木求魚了。

★★★★★★★★★★★★★★★★★★★

孔夫子

魯國論語學院專任教師

無名市儒家區教育路1號

電話：（OO）1234-5678

mobile: 0900-123456

mail: xxxx@魯國.com

★★★★★★★★★★★★★★★★★★★

子不語：
怪、力、亂、神

—— 述而第七‧二十

論語時代劇場

　　孔子擁有豐富的學識，但對於許多千奇百怪的事物，他從不主動跟弟子們談論。有關造反動亂的往事，雖說是歷史知識，孔子不說；有關神奇怪誕的事物，雖說是自然知識，孔子不說。他知道，人的聯想力非常可怕，尤其是道德根基不紮實的年輕人，很可能因為好奇而走上歧路。當然，在門下修行已久的弟子若在不妨礙個人進德修業的前提下去探究一番，他也不會嚴加禁止。弟子們知道老師這個慣例，但並不真正理解他的用心，直到最後一刻。

　　年逾古稀的孔子病了，情況非常危急。

　　最先忍不住的又是子路：「你們不敢，我敢！老師病得這麼重，一定要給他做祈福的儀

式才行！老師若責怪下來，由我擔著！」

正規的祈福儀式可不是小事情，雖說孔子重病在床，可瞞不住他。他叫來子路：

「你們有什麼事呢？這樣忙裡忙外的？」

「我們在為您向上下神靈祈禱！」子路一副大義凜然的樣子。

孔子笑了：「仲由啊，你是好意，我不會怪你的。不過這沒用。你知道，我一生都致力於宣揚大道，要讓所有的人活得更幸福、更和諧。要說祈禱，這不是最好的祈禱嗎？」

子路睜大著眼睛，腦海裡浮現出老師平生一幕幕往事，不禁熱淚盈眶。

子不語：怪、力、亂、神。

孔子不談論怪誕、暴力、悖亂、神異的內容。

注解 ❶ 語，談論。

怪、力、亂、神四項都是孔子所不談論的，探究原因則大致可以分作兩類：怪與神，大多無可考證，其中的是非真假難以分辨，多加談論違背了求實的宗旨；力與亂，都是不當的現象，多加談論難免有推波助瀾的副作用。因此，儘管這些內容不乏可以研究、探討的素材，但出於一種社會責任，孔子還是儘量回避這些問題。《論語》中也不止一次提到這樣的觀點，如《雍也》篇的：「敬鬼神而遠之。」孟子則將這個觀念作了進一步發揮：

「言近而指遠者，善言也；守約而施博者，善道也。君子之言也，不下帶而道存焉。」

他認為學者思考的對象就在身邊，好奇求異對個人修養的提高不僅無益，反而容易產生不良影響。

❶ 指，通旨，旨意、意向。

❷ 守約而施博，堅持簡約的操守卻能使德澤廣泛地施行。

❸ 不下帶，腰帶以上，人們平時目光所在的範圍，用來比喻身邊的、平凡的內容。

孔子這句話歷來多受到眾人不同程度的誤解。其實，孔子是一個博學多才的老師，各種深奧的道理和奇異的事物都是他探究的對象。對《周易》這樣的占卜書，他不僅深入研究，還親自撰文加以闡發。

傳說有一次魯國貴族季桓子家裡挖井，挖出一個土罐子，裡面有一頭羊。季桓子覺得十分奇怪，也想順便考考孔子，就派人去問孔子：「我家裡挖井，挖出一條狗，那是什麼怪物啊？」孔子說：「據我所知，挖出來的應該是羊，山上、水中、土裡各有不同的怪物，土裡的應該是羊，名叫<u>羵羊</u>。」

其實在《論語》中我們也能找到不少談論鬼神的內容，所以，孔子的「不語」並非是絕口不談，跟孔子是否屬於無神論者也毫無關聯。孔子只是希望人們多關心人類社會中種種切身問題，從而建立一個有良好秩序的美好世界，那些並非「當務之急」的知識和學說當然也就不是他主要討論的對象。

後來人們也沒有因為尊孔而徹底否定孔子「不語」的這些內容，歷代文人在誦讀經典之餘，也常常會找些記載神怪事物的雜書來讀，這也被認為是增廣見聞的一種手段。

❶ 羵，音ㄈㄣˊ，羵羊是傳說中土裡的怪物，雌雄不分。

在古代，一般老百姓缺少必要的知識和信念，最容易受鬼神之說的誘惑，鬼神信仰為害一方的事件屢見不鮮，著名的河伯娶親的故事就是大家耳熟能詳的。接下來說一個宋朝時發生的類似故事。

南宋時，蘇州有個叫徐汝賢的村民自稱水仙太保，說自己能讓人看見空中的鬼魂，並且能和死者對話。相傳歷久，當地百姓都對他敬若神明，供奉給他的錢財不計其數，而且還常有徐汝賢借機拐騙良家婦女的傳聞，但是多年以來百姓對他並無任何異議。

王遂到蘇州擔任郡守之後，首先聽說的就是這件事。出於謹慎，他還是先把徐汝賢叫來審查了一番，結果既看不出這個人有什麼道行，也沒見他有什麼法術，明擺著就是一個江湖騙子。於是王遂下令刑求，拷問他是否犯下行騙的罪行。沒想到這個徐汝賢硬是不開口，無論施以什麼刑罰就是不招。

最後王遂沒辦法，只好下令拆毀徐汝賢的祭壇，並把他扔到太湖裡。隨後，王遂又親自寫了一篇公告，將徐汝賢行騙的事實一一羅列，並說：「他不是叫水仙太保嗎？那就叫他到水裡去呆著，如果因此鬧出什麼妖怪災禍，那就衝著我一個人來吧！」

這故事和河伯娶親的故事差不多，用今天法制的眼光來看，或許有濫用法律的嫌疑，但在那個年代不失為一種有眼光、有膽識的合理做法。然而，郡守王遂萬萬沒有想到的是，處死徐汝賢之後，蘇州的百姓

們竟然紛紛到太湖邊哭祭，拿來的貢品比以往還要多，而且如此前前後後竟然堅持了三四年才平息。

　　聽了這樣的故事，我們不難理解為什麼從孔子以來的儒家學者都那麼反對亂七八糟的鬼神之事，也不難理解為什麼這樣的事從來就沒斷絕過了。

辭，
達而已矣！

——衛靈公第十五・四十

論語時代劇場

　　孔子作《易傳》、修《春秋》，花費了無數心血。孔子的文字功力很深厚，但他仍不輕易下筆，常常是在木簡上寫了一句話，過了很久，又用小刀輕輕刮去後重寫，如此反反覆覆，一天只寫了幾句是常有的事。

　　子游是孔子門下年紀很小的弟子，他時常會到老師的桌上去「尋寶」，然後情不自禁地發出叫好聲。

　　孔子對這個孩子喜愛有加，總是擔心他太喜歡文學而偏廢了其他學問，便說：「不論說話或作文，第一

老師，語言文字的基本功能就是傳達思想，對不對？

沒錯，但你轉移話題也沒用，快把我的日記放下！

要緊的就是把意思表達清楚、準確。當年我向老聃請教，他說過：『美言不信。』但他老人家的文字你是讀過的，你覺得美嗎？」

「很美！」

「那你怎麼解釋他說的『美言不信』呢？」

沈默了一會兒，子游說：「我想，語言文字的基本用處是傳達思想，能優美一些當然好，但是不能為了優美而失去了要表達的內容。」

孔子讚許地點點頭：「我也這麼想。文字優美一點當然好，可是要取得平衡不容易啊！」

知識錦囊

❶《易傳》是周代的典籍《周易》的一部分。《周易》是古代的占卜書，被後人尊為群經之首，它包括易經、易傳兩個部分。關於《周易》的作者，歷來眾說紛紜，但大多認為各個部分並非一人所作，其中《易傳》部分相傳是孔子及其弟子的成果。

❷《春秋》為儒家經典之一，本是魯國的編年史，後來經過了孔子的修訂。這部書文字簡練，記事十分概括，歷代都有很多學者對其進行深入研究。

❸ 老聃（音ㄌㄢ）即老子，姓李名耳，字伯陽，中國古代思想家。所著《老子》亦被稱為《道德經》，是中國最早、最著名的哲學著作。

子曰：「辭，達而己矣！」

孔子說：「言辭，只要能明白表達意思就可以了。」

 ❶ 達，通曉、明白。

語言文字是人類交流的重要工具，在使用時因不同的需求，可以簡約而精確，也可以繁複而優美。學者在討論相關問題時，也會有不同的見解。漢代著名學者王充在他的鉅著《論衡》中也說：

「口則務在明言，筆則務在露文。」

無論是孔子、王充還是其他人，在他們討論語言文字如何運用的時候常常會得出看似相反的結論，令人無所適從——到底說話、寫文章應該追求優美的文字還是以準確傳達意思為目的呢？其實，這要看你說話、寫文章的具體用途。我們都知道，傳達指令不能像抒發感情一樣模糊，說明書也絕不會寫得像詩歌一樣優美。所以，「辭達而已」這樣的話不同於一般的人生格言，是要看具體情況使用的。

 ❶ 露文，直接了當地行文。

我們現在常常統稱文辭，泛指各種文章。然而在孔子那個時候，辭和文是兩回事，雖然都是文字，但「辭」多指和法律、政治、外交等有關的內容；而文實際是「紋」，紋理、花紋，指優美、華麗的文字。用現在的話說，辭多半指公文，文多半指美文。

我們平時寫文章，從用途上大致也可以這麼分。孔子說的這句話沒頭沒尾，想來是當時被弟子草草記下來的，當時有什麼事發生我們並不清楚，但從中推斷，只要求「達」，那肯定是公文。漢朝大儒董仲舒可以證明，因為他說過「詩無達詁」，意思是詩句是沒有確切的解釋的。

儘管我們現在能讀到的詩和《詩經》時代的作品相差很大，但原理實際上相差無幾，把意思表達的十分精確，哪裡還叫詩呢？詩的任務就是描摹一種意境，讓人有感受就成功了。不相信嗎？試問：「『星垂平野闊，月湧大江流。』為何月光能從江面湧出？」

如此去細細考察，你會發現無數詩歌中的句子都有這類難以具體形容之處，但這種模糊不影響它的美，甚至正是這種模糊成全了它的美。

我們下筆時，先要確定好要做什麼。要寫美文和要寫公文萬萬不能用同一種方式，所謂「達」，也只是眾多標準中的一樣罷了。

❶《詩經》又叫《詩》，是中國最早的詩歌總集，內容收集了從西周至春秋中葉的民間歌謠與宗廟樂章，共有詩歌305首，所以又叫「詩三百」。

孔夫子 Mail box

寄件者：阿一

收件者：xxxx@魯國.com

主旨：作文成績……

老師您好：

　　我寫文章不好，每次作文分數總令人不堪回首。我實在不懂，有名詩文我並不少背，佳言錦句總讓我大喜過望，抄筆記對我非常快樂，為什麼作文總是……這實在是命運弄人，就像是上天的旨意一樣，說到這，下禮拜又有作文課了，祝福我吧！

阿一　上

收件者：阿一

主旨：Re：作文成績……

　　祝福你，順便講幾個道理。

　　古人寫文章，歷來分作兩大派，一派主張寫古文，一派主張寫駢文。古文就是先秦兩漢文章的形式，質樸自由，不受格式拘束，有利於反映現實生活、表達思想。駢文則是南北朝以來盛行的一種體裁，講究對仗工整和聲律和諧，因為在內容、形式上都追求美感，所以文筆不夠好的作品往往徒有華麗的文字堆砌而顯得內容空洞。因此，歷史上唐、宋、明、清都曾經有過影響很大的古文運動，反對徒具形式的浮豔文風。

　　事實上，歷來公認的千古佳作中駢文佔有很大比重，如南北朝的《哀江南賦》、唐代的《滕王閣序》等。我們初學寫作，常被這些精品的宏偉華麗震撼，但自己又

沒有足夠的根基，下筆時就難免顯得空洞，甚至詞不達意，連「辭達而已矣」的基本要求都做不到了。

　　老師知道你很喜歡文學作品，對各種修辭技巧也很有領悟力，有時甚至能感覺到你的文句都有意追求押韻，在同齡人之中很少見。不過，作文的根基是「達」，不管是情感還是景物、事件，首先要說清楚。如果文句彆扭不通，輕則讓讀者感到不舒服，重則令人覺得不知所云，分數當然不會高。你看你信中第一句，其實是「文章寫得不好」，寫成「寫文章不好」就比較彆扭。而「不堪回首」多用於形容回憶，用來形容作文分數也怪怪的。至於「抄筆記對我非常快樂」，就可以有兩種理解了。雖說能猜出來你的意思，但這些都是文中的瑕疵。

　　祝福你，也希望你自己努力，下筆時把意思表達得簡練、準確，讓讀者看到你明晰的思維條理，那樣，你固有的長處就能得到發揮，作文成績有望高人一等！

　　P. S. 記得「駢」要唸ㄆㄧㄢˊ，駢文多半四六對偶，所以又被稱作四六文喔！

★★★★★★★★★★★★★★★★★★

孔夫子

魯國論語學院專任教師

無名市儒家區教育路1號

電話：（OO）1234-5678

mobile: 0900-123456

mail: xxxx@魯國.com

★★★★★★★★★★★★★★★★★★

知者不失人，亦不失言。

—— 衛靈公第十五·七

論語時代劇場

　　孔子的得意弟子顏淵因為學業有成，名聲在外。齊王聽說後便派人召見，準備當面討教。聽說顏淵要去齊國了，同學們都高興極了，七嘴八舌地議論、賀喜。細心的子貢卻忽然發現，和其他同學相比，老師孔子似乎並不那麼興高采烈。

　　等大家紛紛散去之後，子貢悄悄問孔子：「顏淵去齊國是好事，老師剛才為什麼有些不快呢？」

恭喜恭喜！

……我的得意門生竟然沒有第一個告訴我這個消息！

孔子搖搖頭，緩緩地說道：「你了解顏淵，也應該多少知道齊王的個性。顏淵是一個醉心於古代聖賢帝王治國安民之道的人，而齊王則是一個一心要富國強兵、稱王稱霸的君主。我擔心照顏淵的忠厚個性，會直接去和齊王大談他自己的治國理想，那可是很容易引起齊王不滿的。一種理念或許很難分出是非，但說話可是要看對象的，該說的說，不該說的不能說啊！」

　　子貢聽了，不住點頭，覺得老師說的確實很有道理。

　　孔子又說：「這方面，顏淵還沒你靈活呢。你看出我的擔憂，又怕別人誤以為我有嫉妒心，所以就悄悄和我來做私下交流了……嘿！說話，真的很有學問啊！」

夫子名言解析

子曰：「可與言，而不與之言，失人；

孔子說：「如果有個人，可以和他交談卻不去和他交談，錯過這個機會就意味著少交一個朋友，這叫做失人。

不可與言，而與之言，失言。

如果有個人，不應該和他交談卻去和他交談，就是跟錯誤的對象說話，這叫做失言。

在這裡唸ㄓˋ，通「智」。

知者不失人，亦不失言。」

一個聰明的人，應該是既不失人又不失言的。」

注解

❶ 與，和、對，連詞。

❷ 失既有失去、錯過的意思，也能表示對事物把握不當。失人的失屬於前者，失言的失則屬於後者。

　　孔子晚年尤其熱衷於古代的《周易》，他的這段話事實上也是對《周易·繫辭》中一句話的發揮：

「吉人之辭寡，躁人之辭多。」

　　因說話而引發的具體後果情況太多，但歸結起來的話，說話謹慎的人自然可用「吉」字來形容，因為這樣就減少了許多禍從口出的機會。有趣的是，說話不留意，常常隨口亂說、廢話很多的那種人卻並非「凶」，而是「躁」。的確，因亂說話而闖大禍終究是特殊現象，但一個人話太多至少可以說明他心浮氣躁。多言而浮躁的人往往容易在言語上冒犯他人，甚至容易與他人起口角衝突，對於個人而言，這是通往成功的一大阻力。

說話是一門藝術，孔夫子說：「知者不失人，亦不失言」，主要就是想告訴我們說話要得體，要學會看場合及對象說話。我們生活中也有許多這類的說法，你知道哪些呢？

首先是「言多必失」，話多的人興致一高可能會把不該說的都說了，所以說話要謹慎，不要多話，小心多說多錯。所謂的說錯話也有區別，一種屬於話的內容有錯，像「太陽是從西邊出來的」就是一例。

一種則屬於話本身沒錯，但時間、地點、對象出了問題。若顏淵真的在齊王面前暢談理想，不僅對象不對，這樣愣頭愣腦地直說的方式也不對，犯了「禍從口出」的錯誤，得罪了齊王。所以我們才會以「言多必失」或「話到嘴邊留半句」來提醒人說話要小心。

常因說話得罪別人的人，我們會以「口無遮攔」來形容他。為什麼呢？古人認為就是因為這種人嘴巴少了個東西擋著，才會這樣亂說。那麼應該用什麼擋呢？用你的心、用思考，在說話前多想一下，想好了再說，相信得罪人的情況會大為減少。

還有一種人沒有原則，為了巴結、討好、追求私利，對不同人說不同話，這就是「見人說人話，見鬼說鬼話」。這種人我們也常給予負面的評價。

從孔子與《周易》的話也可以看出，古人最欣賞的就是「言簡意賅」的人，意思就是說話簡潔，但意思完備。而這個成語也可以形容人的文章寫得簡明扼要。

　　想想看，你是什麼樣的人，你又想成為哪種人呢？

學習心得筆記

孔夫子 Mail box

寄件者：小明

收件者：xxxx@魯國.com

主旨：我想快點交到好朋友，才不是故意裝熟！

親愛的老師：

　　我轉到班上已經一個月了，可是不知為什麼，明明我很努力地想和大家打成一片，但同學還是不太願意理我呢？他們老是說我愛跟人「裝熟」……可是我就是希望和他們這麼熟才會常常主動找他們聊天啊！老師，能不能請您告訴我該怎麼辦才好？

學生　小明　敬上

收件者：小明

主旨：Re：我想快點交到好朋友，才不是故意裝熟！

親愛的小明：

　　你剛轉到新班級，當然會希望能交到新朋友。其實和別人相處時，「裝熟」沒什麼不好，但是在說話時可要特別小心。越平常的事越容易被人忽略其中的智慧，說話就是如此。

　　記得老師說過「精忠報國的岳飛」的故事嗎？大家都知道他是個大英雄，但他也有說話不當的時候。有一次，他平定戰亂後回朝面聖，沒報告戰事，卻突然要皇帝快點指定好繼承人。雖然是出於一番好意，但在皇上看來，卻是臣子多嘴來管家務事了。所以，後來也有不少人懷疑皇帝默許奸臣秦檜陷害岳飛和這事不無關係。

現在試著用同學的角度想，他們也正在適應你這位新同學，自然不習慣邀你加入他們了。

　　你主動和同學說話固然勇氣可嘉，可是在他們相約打球時，跑過去說：「你們怎麼可以不找我！」這樣的語氣可能會引起他們的不快，畢竟他們和你還不熟，可能也還不知道要如何和你相處。如果你自然地問：「有空要不要一起打球？」或「我可以加入你們嗎？」，這樣是不是既禮貌又大方，效果也會比較好呢？

　　好了，連大英雄都會說錯話，我們當然也在所難免。老師希望你不要太難過，試著換個方式和同學說話，相信你可以用你的熱情改變現況的！

★★★★★★★★★★★★★★★★★★★

孔夫子

魯國論語學院專任教師

無名市儒家區教育路1號

電話：（00）1234-5678

mobile: 0900-123456

mail: xxxx@魯國.com

★★★★★★★★★★★★★★★★★★★

02.

高EQ
的處事哲學

三思
而後行

論語時代劇場

　　孔子生活的時代已是春秋末年，算是周朝的晚期。他的家鄉魯國是周朝初期分封的一個諸侯國。當時的規矩是，周天子是天下的主人，天子分封了自己的兄弟、有功的臣子與親戚為諸侯。諸侯也是父子兄弟相傳的，但一個諸侯國只能有一個國君，所以，諸侯的旁系子孫多被封為卿、大夫等，同樣皆為世代相傳。而季氏就是魯國世襲的大夫。

　　從季文子開始，季氏實際上已經掌握了魯國的政權，後來孔子的學生冉求、子路都擔任過季文子之子季康子的幕僚。孔子對此既不滿又無奈，因為在他的思想中季氏這樣的權臣是社會秩序的破壞者，但他既不能也不願用武力去矯正這個問題。

有一次，冉求和孔子談論季文子：「季文子雖然身為貴族，但一生清貧簡樸，致力於魯國的政事，而且做事謹慎，三思後行，不簡單啊！」

孔子沈吟了片刻，輕輕嘆了口氣。他何嘗不知道季文子的個人品行很好，但這麼多年來，他在魯國的政壇上興風作浪，對外帶兵攻打其他小國，對內和其他大夫爭權奪利，甚至捲進了魯國國君的廢立事件，這一切，在孔子看來都是不可容忍的。

他緩緩地說道：「三思而行？前後考慮兩遍也就夠了，季文子雖然為人謹慎，可是許多事他若真的有仔細思考也不至於如此。」

冉求不作聲了。他知道，這個話題也許無法再與老師談論了。

季文子真是我的偶像！我也要像他一樣，在做事前仔細想很多遍！

呃……你的問題就出在想太多，前後想兩遍也就夠了吧！

季文子三思而後行。
子聞之，曰：「再，斯可矣。」

季文子做事總是再三思考之後才付諸行動。

孔子聽到後說：「前後考慮兩遍就夠了。」

注解

❶ 季文子，即季孫行父，魯國貴族，曾長期擔任魯國執政官，「文」是他的諡號。（諡，音ㄕˋ，指人過世後，他人依其生前事蹟所給予的稱號。）

❷ 再，兩次、第二次。

三思後行現在一般用來勸別人不要草率行事，然而，現實中我們會因為別人提醒一句「三思後行」就承認自己是個冒失鬼嗎？又有多少事情允許我們在行動之前反覆思考？對同一個人而言，連續進行這樣的思考，是否每次都能有許多新的收穫？如此說來，若單看這句話，只對我們平時做事起了提醒作用而已。「三思後行」說的是開始做事之前的謹慎，如果能配合其他關於做事過程中也需謹慎的道理一起學習，才能對我們待人接物產生更全面的影響。例如《詩經·小雅·小旻》的詩句：

「戰戰兢兢，如臨深淵，如履薄冰」

就很生動地形容出做事時應有的謹慎態度。能做到時時、事事都小心、專注，危險和失敗自然會離我們越來越遠。

注解

❶ 兢唸作ㄐㄧㄥ。兢兢，小心謹慎的樣子。

再三，是我們現在的一個常用詞，表示反覆多次的意思。但就這兩個字而言，再是再，三是三。此外，很多時候三又不是三。

先說再。再這個字本是重複、第二次、又一次的意思，我們現在說再次、再見、再來都是用的這個意思。古人行禮，拜兩拜叫再拜；今人出書，印了一版賣光了又印一次叫再版。

這樣，再次之後就應該是第三次。不過由於「再」有表示動作繼續重複的意思，很多人沒注意，一直用「再」來表示動作，如：「從前有人吃了一塊餅，沒飽；再吃一塊，還沒飽；再吃一塊，也沒飽……」

如此「再」到最後，聽的人和說的人都糊塗了。所以我們說話或寫文章時要注意，若有順序或強調次數時，要分清楚再是再，三是三，如：「一鞠躬、再鞠躬、三鞠躬。」

那麼，為什麼說三不是三呢？三就是一加二，這我們從小就知道。不過，人們有個不成文的規矩：三代表一個級別。事不過三，一次兩次不要緊，三次就太超過了。所以，很多時候用到「三」，只是表示很多的意思，並非一加二。比如說：三番五次、三緘其口、三宮六院等等。這樣，我們讀書的時候遇到「三」字就需要留心，有時候它只是一個虛數，有時候真的是實指一加二，也有時可能作虛作實都說得通，那就不需要刻意鑽研了。

孔夫子 Mail box

寄件者：阿翰

收件者：xxxx@魯國.com

主旨：人要成功要看運氣？

老師，您好：

　　最近我用課餘時間讀了《三國演義》，現在剛讀完六出祁山的部分，很有感觸。以諸葛亮的天賦才能，終究也要感慨「謀事在人，成事在天」，儘管事前考慮再周密，還是落得失敗的下場。想來人的成功多半靠運氣，像我這樣的普通人，如果像諸葛亮一樣被衰神看上，諸事不順也算是正常吧！

學生　阿翰　敬上

收件者：阿翰

主旨：Re：人要成功要看運氣？

　　《三國演義》是一部很出色的小說，好好讀一下，既能增長不少知識，也能獲得許多啟迪。小說家的本事就在於把一件事情講得讓讀者提心吊膽——眼看要成功的事就突然不成了，出乎意料之外，又在情理之中，讓人不禁擊節讚嘆，作者就成功了。關於小說技巧，我們有機會再討論，這裡不多說。

　　至於你說到成功多半靠運氣，老師有些不同的意見。你看到了諸葛亮的失敗，覺得上天不太公平，但若說要成功只能看運氣，這就太誇張了。失敗都是有原因的，不能只說運氣不好，也可能是在某些環節上出了差錯。小說中的諸葛亮對每一個步驟都是仔細考慮過再行

動的，也因為他這樣的做事態度，才能受到劉備父子的重用。

　　就思慮周密這一點來說，老師覺得你還有所欠缺，因此導致你覺得自己諸事不順。你有兩個問題比較明顯：

　　一是太快下結論，這點從你看三國故事也可以看出。故事中的諸葛亮是有點運氣不好，但你沒有仔細思考他會失敗的可能原因，就立刻得出成功只能看運氣的結論。如此在待人處事上，容易犯了以偏概全的毛病，而無法了解事情的全貌。

　　二是做事粗枝大葉，常常錯誤百出，不是不能兼顧，就如同俗話說的「撿了芝麻，丟了西瓜」，常犯了不必要的失誤，讓事情功敗垂成。

　　要解決這兩個問題，也沒有什麼靈丹妙藥，只能加強自我提示，也就是我們常說的三思而後行，做任何事，下任何判斷前，再多想一下。如果真能做得好，相信衰神不會那麼喜歡跟著你的。

★★★★★★★★★★★★★★★★★★★★★★

孔夫子

魯國論語學院專任教師
無名市儒家區教育路1號
電話：（OO）1234-5678
mobile: 0900-123456
mail: xxxx@魯國.com

★★★★★★★★★★★★★★★★★★★★★★

小不忍
則亂大謀

相處久了，學生們都知道，孔子最敬仰的是周文王、周武王和周公。

隨著年齡的增長，孔子對《周易》產生了越來越濃的興趣，為書中展現的博大精深的智慧所傾倒。而這本書正和周文王有著很深的淵源。

平時，孔子會把自己學習《周易》的心得告訴學生們，根據每個人不同的基礎，孔子總能設法讓他們各有所得。當然，他也會時常提起這偉大的《周易》是周文王被囚禁在羑里時潛心完成的。

子夏小孔子四十四歲，算起年齡來甚至是可以叫孔子爺爺的。他不僅聰明，也很有主見，能獨立思考，學習《周易》的悟性也比他人來得高。

某日，子夏問孔子：「老師，我聽說了一個您沒有提過的關於文王的故事。」

「哦？說來聽聽。」

「據說，當年文王被囚在羑里時，作六十四卦辭，被稱為聖人。紂王聽說了，便要試試看，於是他殺了文王的兒子伯邑考，做成肉羹賞給文王。文王把肉羹吃了——紂王得出結論，聖人怎麼會吃了兒子都不知道呢！」

這是一個傳聞，但顯然子夏的意思不僅僅是要證實它。

孔子注視著這個年輕聰慧的孩子，思考著應該如何回答才更能對他有所啟發。

最後，孔子緩緩地說出了彼此都不陌生的七個字：「小不忍則亂大謀。」

這下，輪到子夏陷入沉思了……

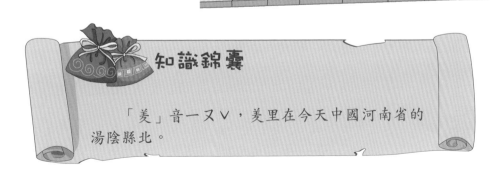

知識錦囊

　　「羑」音一ㄡˇ，羑里在今天中國河南省的湯陰縣北。

子曰：「巧言亂德。小不忍則亂大謀。」

孔子說：「花言巧語能夠擾亂德行。小處不加忍耐，就會敗壞大事。」

所謂大小，都是相對而言的，把事業上的成敗得失看作大，那麼其他的情感、利誘、畏難就都是小。一旦確定了一個大目標，總會同時有許許多多的小障礙，需要靠耐心、智慧、毅力去一一化解。《三國志・譙周傳》上說：

「智者不為小利移目，不為意似改步，時可而後動，數合而後舉。」

正是類似的意思。小不忍則亂大謀的道理雖然簡單，但現實中因小失大的事情卻屢見不鮮，有時是因為忘了自己的初衷，只看見眼前的利益；有時是因為害怕、憤怒，時機還沒成熟就衝動行事。只有通過這種種考驗，才能獲得最後的成功。如何將這些格言真正融入自己的生活，的確是需要反覆實踐與思考的。

❶「譙」音ㄑㄧㄠˊ。譙周是三國蜀漢的學者，精通天文學。

「忍」的下面是個「心」，代表要忍耐的來自於心。心裡會滋生種種境界，凡有害無益的都要忍：屈辱要忍，痛楚要忍，利益的誘惑要忍，得意忘形的興奮也要忍。

千百年來的生活經驗被凝練成一個忍字，有人寫成**斗方**掛在床頭，有人做成飾品放在桌上，更有甚者，也有選這個漢字做刺青的。由一個忍字，演化出許許多多成語、俗語在民間口耳流傳。

「小不忍則亂大謀」，這是勸忍最早、最著名的格言，本來是《論語》中的句子，因為太出名，到後來的野史小說裡連大字不識幾個的草寇都能脫口而出。

唐代有個張公藝，天賜大福，九世同堂，一大家人口近千。外人看來羨慕不已，但張公藝自己最清楚偌大的家有多少煩心事。別人最喜歡用一百個不同的「壽」字為自己祈福，張公藝活到九十九歲，不寫百壽圖，卻寫了一百個「忍」，留下了「百忍成金」的成語。

漸漸地，遇事要忍的道理成了老百姓的道理，誰生活中沒有過這樣的教訓呢？於是，闡述這個道理的格言越來越口語化：
「忍得一時氣，免得百日憂」。

高僧宣揚佛法也不用那些深奧的詞句了，直接說：「難行能行，難忍能忍」。晚清一個飽讀詩書的高官，更以一句話來要求自己：「好漢打脫牙，和血吞！」

❶ 斗方，指約一、二尺見方的小幅字畫作品。

這是齊桓公重用管仲，把齊國領向霸主位置的時候的故事。

當時，在實質上齊國已經是一個強國，但尚未建立起威信，離真正的眾望所歸還有一段距離。而威信只能在各種外交活動中慢慢積累，於是，齊國召集了另外八國來會盟，結果很不理想──請了八個客人只來了四個，讓主人很沒面子。當然，面子掛不住的齊國會想教訓一下不聽話的，而四個擅自不來的客人又數魯國最近，也就成了最先被教訓的對象。

齊桓公領兵來到魯國邊境，管仲說：「齊魯本來就有親戚關係，我們儘量先禮後兵。」於是，齊桓公派人通知魯莊公前來會盟。魯莊公聽說齊軍殺來，早就嚇昏了頭，既然有會盟的機會忙不迭地就答應了──大不了再割一些土地嘛！

會盟是要兩個國君親自登壇主持儀式的，就在儀式上，突然發生了意想不到的事：魯莊公的隨從曹沫突然抽出寶劍挾持了齊桓公，並且提出要求，不僅本次會盟不給齊國任何好處，而且前幾次割讓給齊國的土地也要歸還。

　　萬般無奈之下，齊桓公和管仲只好當眾答應了這個請求，曹沫也隨即釋放了齊桓公。事後，齊國上上下下都不服氣，想要反悔。管仲卻說：「既然公開答應了他，就應該照辦才是。一點土地是小事，臉上無光也是小事，要是只為了反悔的一時之快而讓各國都說我們言而無信，那可就麻煩了。」於是桓公遵守承諾，將魯國先前割讓的土地全數歸還。

　　這件事一傳開，各諸侯國都很佩服齊國能講信用，紛紛前來要求會盟，最後一致推舉齊桓公做了盟主。

不在其位，
不謀其政

冉有最頭疼的，就是夾在老師孔子和老闆季氏中間。

冉有能成為孔子的高足，是因為他有這份才能；而他能成為深受季康子倚重的左右手，也同樣因為他有這份才能。只是沒想到，這也造成他左右為難的局面。

剛才，孔子生氣地說：「冉有啊！我教你們最重視的就是品行，你這樣還算是我的學生嗎？」

「算了！」孔子嘆了口氣，以失望的口吻對著其他的學生說：

「以後你們可以像敲著戰鼓進攻敵人一樣聲討他！」

冉有沒有辯解什麼，默默退了出來。他清楚，事情的源頭在於他剛剛完成的賦稅改革，百姓的負擔加重了，季氏的收入增多了，可是若不這麼做，政令如何推行，國家如何建設呢……

仰望滿天星斗，他不禁喃喃自語。

「老師啊！您曾認可我能夠從政做一番事業，我並非不知道季氏只是大夫不是國君，就如您所說，應該『不在其位，不謀其政』，但魯國已經多少代沒有賢能的國君執政了？」

「老師啊！我從不懷疑您高尚而偉大的理想，可天下大亂，如果魯國再不強盛必有生存之憂，若不協助季氏，我該如何，我又能如何呢？」

「老師啊！季康子和我都很疲憊，但是我們必須堅持。我們的路您不認可，可是若沒有季氏維繫朝政，魯國又哪裡有未來呢？」

就跟你說夾心餅乾不好當吧！

「老師啊！……」

即使有太多話想說，此時冉有也只能一一向星星傾訴，天上的星星也不禁皺緊了眉頭。

KO

夜深了。

注意「謀」在這裡是動詞，指參與、謀劃。

子曰：「不在其位，不謀其政。」

孔子說：「不在這個職位上，就不得謀劃這一些政務。」

名句充電時間

在孔子的思想體系中，他更關心如何遵守尊卑等級的制度，所以才會提出「不在其位，不謀其政」的概念。莊子也說過類似的話，只不過一樣的意思在他巧妙的舉例下變得更為生動、有趣：

「庖人雖不治庖，尸祝不越樽俎而代之矣。」

即使廚師不下廚，主祭人也不能代替他工作。這樣謹守本分的概念廣為大眾所接受，因為許多事都需要團隊合作才能完成，要形成完美的合作，首先自然要做到不要胡亂干預別人的工作。

當然，生活中也常有人把這些話作為推諉或抱怨的工具，凡自己不想做的事就盡量聲稱不是自己該做的，這又是不正當使用名言的情況了。

❶「庖」唸ㄆㄠ✓，指廚房。所以「庖人」自然就指廚師啦！

❷尸祝，古代祭祀時的主祭人。

❸樽俎音ㄗㄨㄣ　ㄗㄨˇ，盛酒食的器皿，在這裡指禮器。樽用來盛酒，俎用來盛肉。

許多人一起做事，最怕的就是亂。<u>不在其位，不謀其政</u>就是說各自做好各自的事，不要互相干預的意思。

<u>隨意做別人分內的事，不見得有好處，反而可能有害，</u>這就叫「<u>越俎代庖</u>」。而這個成語就出自於前面莊子所說的那段話。

除了這兩個成語之外，還有許多與做事有關的成語。

首先是「牝雞司晨」。牝，音ㄆㄧㄣˋ，在這是形容詞，指雌性的；司晨，就是掌管早晨。大家都知道，早晨負責報時的是公雞，母雞把這工作攬下來不就是越俎代庖了嗎？因為這個成語用母雞作比喻，所以後來多用來專指婦人掌權干預國政的事。

如果只是多做了不必要的事，但這未必是別人的工作，那麼，有一個大家都非常熟悉的成語，就叫「畫蛇添足」。

各自做各自的事，有時展現為合作有序，是件好事；可有時恰恰需要彼此互相協助，所以我們若說「各人自掃門前雪，莫管他人瓦上霜」，一般多用來批評自私的態度。

還有一個成語「各行其是」也有批評他人自私的意思，不過很多人會錯誤地寫成各行其「事」，這麼寫看上去似乎更容易理解，但卻誤會它本來的意思了。這裡的「是」是「是非」的「是」，表示對、正確。大家各自朝自己認為正確的方向或目的努力，所以叫做各行其「是」，若用各行其「事」來表示各做各的，與原句可就差之毫釐，失之千里了呢！

高EQ的處世哲學 087

喜歡足球的朋友都能理解這樣一句話：要補位，不要越位。訓練有素的球員都有著極強的跑位意識，清楚什麼時候自己應該在什麼位置，負責什麼工作，不會為了逞一時威風而破壞團隊的合作。在其他事情中，這個道理同樣適用。

西漢時有個丞相名叫丙吉。在一個晴朗的春日，他外出巡視，時而看看田間的秧苗，時而和路邊的百姓攀談幾句。忽然，他看見前面路上橫躺著一個人，地上流了很多血，旁邊有不少人圍觀，看上去像是一樁命案。丙吉遠遠看了一眼便繼續往前走了。

又走了一段，一個農夫牽著牛從他身邊經過，沒走出幾步，丙吉回頭叫住了農夫：「你這牛怎麼了？」

農夫一愣：「什麼怎麼了？」

「這牛為什麼喘得這麼厲害？」

呃，故事的重點不在這裡……

老師，這宰相不是不管命案，而是怕見血吧？

「哦，它不知為什麼突然跑走了，我費了好大的勁才把它追回來，剛才我比它喘得還厲害呢！」

巡視結束，回到府中，一個剛才一路跟隨的官員忍不住問：「丞相，您剛才對路上的死者不聞不問，看見一頭牛喘氣卻那麼關心，這樣好嗎？」

丙吉看了他一眼：「有什麼好不好的？我身為丞相，負責輔佐皇帝，督促各級官員履行自己的職責，雖說全國的事都和我有關，但殺人命案會有治安官來處理，處理完了做成報告呈上來，到年終我考評賞罰就行了，命案的具體細節我不需要一一調查，干預治安官的工作。但那頭牛要是在春天就喘成這樣，說不定是氣候異常還是感染了流行病，若出了事情全國的農業生產可就大受影響了，所以我當然要多問一句。」

官員聽了，覺得很有道理，不停地點頭。

學得很快嘛！作業沒寫完還叫這麼大聲！

不在其位，不謀其政！你可沒資格管我作業寫完了沒！

呵～我請有資格的人來管就好啦！

賢賢易色

——學而第一·七

論語時代劇場

孔子去世後，子夏繼承了老師的事業，在西河隱居授業，成為一名儒家思想的傳播者。

剛開始的時候，子夏才三十多歲，這麼年輕就成為像孔子一樣受人尊敬的老師，他有點得意忘形——雖然只有那麼一點點。

每當有新學生前來報名，他總會有一番入門訓導：

「記住，不管以前你識多少字、經歷過什麼事，到我這裡學的是做人的道理，所以你要記住，第一，要尊重有德行的人而不要只看外貌；第二，在家侍奉父母要盡心竭力；第三，……」

每次子夏都是以這套道理訓誡新來的學生，學生們也都會認真記下，直到有一天，一位新生居然就在這時提問了：

　　「老師，我沒讀過多少書，可是聽說孔夫子教人說盡孝是做人之本，您怎麼把它放在第二條了呢？」

　　子夏從沒這麼想過，好在他反應不慢，稍愣了片刻便答道：「尊重賢人、孝順……等都是很好的美德，可惜能孝順的人，不一定能以尊重賢人的心來代替愛好美色之心，所以才將它放在第二條。其實能做到這些，就已經掌握做人的道理了！」

　　經過此次經驗，子夏也不敢再有絲毫懈怠，總是時時溫習老師博大精深的學說，涵養自己的德行，使自己不斷向上提升。

注意第一個賢是動詞，敬重、尊重的意思；第二個賢是名詞，指有德行的人。

子夏曰：「賢賢易色，事父母能竭其力，事君能致其身，與朋友交，言而有信。」

子夏說：「以敬重賢能之人的心來代替愛好美色的心，侍奉父母能盡心竭力，侍奉君主能奉獻自己的生命，與朋友交往誠實有信用。

「雖曰未學，吾必謂之學矣。」

這樣的人即使沒有正式上過學，我一定會說他已經學過了。」

❶ 事，動詞，侍奉。

❷ 易，交換、替代，另一種解釋為「輕視」。

❸ 致，指「獻出」，這個字也是動詞喔！

　　有時我們研習道理，終究不免流於語言文字的探討而已。然而，做人做事不是只靠談論或記誦就能完成的。儒家學說最看重實踐，所以勇於實踐的子路常常受到表揚，孔子自己也提倡「訥於言而敏於行」。

儒家所說的「學」，不同於技能、技術的學習，而是指一個方式或過程，最終的目的還是要每個人自己找到合理的處世之道。所以，有些人本來就做得不錯，完全有可能比那些「學」過的人更好。也正因為如此，才留下很多議論學、言、行三者關係的名言。如《尚書・說命》有：

「非知之艱，行之惟艱。」

說明知易行難的道理；《大戴禮記・曾子立事》則有：

「微言而篤行之，行必先人，言必後人。」

由此可知，知識在儒家看來，還不如親身體會待人處事的道理來得重要。

❶《禮記》是儒學的經典著作之一，其中的文章是孔子的學生以及戰國時期儒學學者的作品。漢朝學者戴德選編了85篇，爲《大戴禮記》。後來其姪子戴聖選編49篇，爲《小戴禮記》，也就是我們今天所說的《禮記》。兩種《禮記》當初是共同流傳的，後來唐代把《小戴禮記》列爲經書，《大戴禮記》漸漸受到冷落，今僅存39篇。

❷ 微言，少說話。

❸ 篤行，切實履行、專心實行。

讀文章時常常會遇到疊字，我們現在遇到的疊字一般都是兩字意義用法相同的，如冷冷、淡淡、唧唧、高高興興、馬馬虎虎等等。偶爾會有兩字不同的，比如畫畫（兒）、數數（兒）等。

在文言文中也是一樣，兩字相同的疊字比較多，但其中兩字用法不同的比我們今天要多，因為文言文在一定程度上允許靈活運用。除了賢賢易色之外，孔子還說過「君君，臣臣，父父，子子。」君君，意思是做君主的應該像做君主的樣子，第一個君字是名詞，第二個君字則是動詞，其餘依此類推。

孟子則問過「獨樂樂，與人樂樂，孰樂？」，連續的兩個「樂」，前者唸ㄩㄝˋ，作動詞，即欣賞音樂的意思；後者才是名詞，唸ㄌㄜˋ，指樂趣。漢朝大將韓信回憶當初劉邦待他有多好時說「解衣衣我，推食食我」，則前一個是名詞，後一個是動詞，意思是脫下自己的衣服給我穿，把自己的食物推給我吃。

疊字的運用在文言文中並不罕見，只是相同兩個字以不同的用法出現在一句，甚至緊接著的情況相對少一些。有些特殊例子更要小心：荀子說過「是是非非謂之知」，知和智通用，但這個是是非非不是我們現在習慣的表示各種人事紛爭之意，而是說能明白地肯定對的、否定錯的，也是一個動詞、一個名詞的用法。只是因為現在也有這樣的常用詞，所以很容易讓人誤解。

古人其實沒有非常明確的詞性概念，任何一個字都可能作動詞、名詞或形容詞，所以在判讀上多半需要格外注意。

學習心得筆記

　　平日讀書時，你還會遇到哪些疊字呢？試著把它們記錄下來吧！。

孔夫子 Mail box

寄件者：小武

收件者：xxxx@魯國.com

主旨：謝謝您！

親愛的老師：

　　畢業在即，以後請益的機會會少許多。我知道，自己不是一個好學生，成績始終很不理想，接下來也不會進入什麼著名的學校繼續深造。但是，我會在記憶中珍藏這一段美好的記憶，尤其是您的國文課，讓我學到了許多做人的道理，我覺得這會是我一生受用不盡的財富。謝謝老師！也謝謝所有和我一起度過這段美好時光的朋友！

學生　小武　敬上

收件者：小武

主旨：Re：謝謝您！

　　老師認為小武是個好學生，別懷疑，這可不是因為分別在即而故意說的話！

　　我們平時提到學習，總會不自覺地把它等同於試卷上的成績。其實，每個人的學習按內容分大致有三類：知識學習、技能學習和品行學習。一個人的學科成績所反映的基本都是前兩種學習的情形，和品行學習的關聯非常微弱，但不得不說品行學習對一個人是十分重要的，甚至比前二者還重要——不是嗎？一個人心術不正、品行不端，他既不會是一個好總統，也不會是一個好漁夫。

　　還記得我們學過《論語》的「賢賢易色」嗎？儒家所關心

的「學」也是把品德修養擺在第一的。

　　你的成績並不優秀，坦白說，只能算是中等偏下的水準。這可能意味著你日後不會成為一個出色的醫生、學者、律師，或人人羨慕的名人，站在社會金字塔的頂端，擁有舉足輕重的權位。但這一切都不重要，有些人有了足夠的名和利，反而喪失了必要的道德操守，那才是最可悲的。

　　老師能看到你真心而努力地在生活中追求正直、剛毅、善良、謙和的美德，這已成了你不輕易放棄的準則。雖然我們沒有這樣的學科考試可以幫你打分數，但你以後生活中的許許多人和事一定會給你一個公正的評價，而你也會得到另一種分數——幸福。

　　小武是個好學生，終生繼續這種學習，你一定會非常優秀，擁有自己的一片天！

★★★★★★★★★★★★★★★★★★★★★

孔夫子

魯國論語學院專任教師
無名市儒家區教育路1號
電話：（OO）1234-5678
mobile: 0900-123456
mail: xxxx@魯國.com
★★★★★★★★★★★★★★★★★★★★★

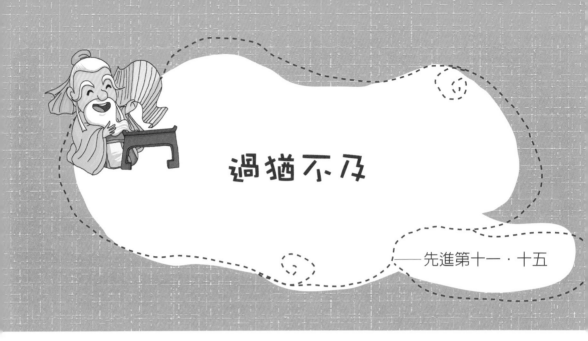

過猶不及

──先進第十一‧十五

論語時代劇場

　　孔子一門最重孝道，親人去世，不僅有相應的儀式、制度，更要恰當地表達自己的哀思，所以，儒學中的喪禮一科特別發達。但有時外在的儀式和內心的情感之間總會有矛盾，如何協調，就全看個人了。

　　子夏和子張的父母先後去世，他們守孝三年期滿之後，兩人分別前來拜見老師。為了考察學生對孝道的理解，孔子準備給他們一些測試。於是孔子什麼也沒說，只是遞過去一張琴。琴是娛樂用品，彈琴一般是為了怡情養性、愉悅耳目，這和喪親之痛在心理上是十分矛盾的，所以孔子想藉此看子夏與子張會怎麼應對。

首先是子夏。平時彈得一手好琴的子夏大失水準,彈得亂七八糟,曲調一點也不和諧。曲終後他對孔子說:「雖說守孝期滿,但喪親之痛仍在,只能這樣了。」

過了幾天,輪到子張前來拜會老師。接過老師遞來的琴,子張彈得十分投入,曲調優美。他說:「禮樂是先王留下的,我們彈琴應該全心投入才對。」

後來,子貢問起這兩個人如何比較,孔子含蓄地說:「子張有點超過,完全隱藏了內心的情感;子夏則有點不足,情緒太激動了。兩人其實沒有高下之分。」

夫子名言解析

子貢問：「師與商也孰賢？」

子貢問：「顓孫師和卜商兩個人哪個更有德有才？」

子曰：「師也過，商也不及。」

孔子說：「顓孫師太過了，卜商有點不夠。」

與在這裡唸ㄩˊ，通疑問詞「歟」。

曰：「然則師愈與？」

子貢說：「這麼說來，顓孫師強一點囉？」

子曰：「過猶不及。」

孔子說：「太過和不夠同樣不好。」

注解

❶ 師，複姓顓（ㄓㄨㄢ）孫，名師，字子張，孔子弟子，終生致力於儒家學說的傳播。

❷ 愈，愈有超過、比……強的意思。

　　過猶不及也是一個十分淺顯的道理，每個人都能從生活中隨手舉出許多例子來證明它。這原本是孔子評論兩個學生的學習狀況的話，後來漸漸被人借用到別處，用來表達別的事情了。許多格言都是如此，光是記住沒有多大意義，更重要的是應該知道如何去運用。戰國後期的荀子也是儒家學說的傳人，著有《荀子》一書，他曾在《王霸篇》中議論一個君主治理國家應該提綱挈領，做好身邊的、關鍵性的工作，不能大事小事一起管。這時，荀子就把過猶不及的道理用了進去：

　　「**既能治近，又務治遠，既能治明，又務見幽，既能當一，又務正百，是過者也，猶不及也。**」

　　可以說，荀子這段話給後人的學習、思考、議論提供了一個很好的範例——他親身示範了如何把熟悉的道理運用到眼前討論的問題中去。

也，是一個很常用的虛字，我們現在基本上都用作副詞，如：「你唱歌，我也唱。」在古代，「也」的用法相對就比較多，但恰恰不包括我們現在常見的那種用法，文言文要表達「我也唱」不會用「也」而用「亦」。

「也」在文言中最常見的用法是表示判斷，一般而言是和「者」搭配，如：「布希者，美國總統也。」要是變通一下，有時把「者」省掉，有時把「也」省掉，仍然是一個判斷句。

除了表示判斷，「也」還有可以表示呼喚、疑問等各種語氣的用法，都沒有實質的意思，而且都是出現在句末。

本條的三個「也」卻全部出現在句中，就屬於另外一種用法。好在它也沒有實際意義，只是加這麼一個字可以略有停頓，使得語氣節奏稍微舒緩一點。

宋代大文豪**歐陽修**有一篇膾炙人口的《醉翁亭記》，全文不過四百字左右，而「也」字就有二十一個之多，雖然沒有用在句中的，但熟讀了這篇文章之後，文言文中的「也」一定會變得像我們今天常用的「著」、「的」一樣簡單。

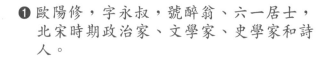

❶ 歐陽修，字永叔，號醉翁、六一居士，北宋時期政治家、文學家、史學家和詩人。

學習心得筆記

　　要是在中國歷代皇帝中評選一個最奇怪的，大概要數梁武帝了。做皇帝，通常能力強、做得好，結局自然好；如果結局很糟糕，那必然就是昏庸暴虐，自己搞砸了。但若將這個規則套在梁武帝身上，偏偏無法得出相符合的結論。

　　梁武帝是梁朝的開國皇帝，能成為開國皇帝，他的基本軍事、政治才能不必多說，自然是一流的。此外，他還有不少優點。比如，他讀書多。不誇張地說，梁武帝讀的書比今天不少大學教授都多，光是他寫的書就有二百多卷，只可惜大多失傳了，今天只能看到他幾十首詩，都是很不錯的作品。不只文武全才，他的個人道德修養也好。他生活儉樸，不吃肉、不喝酒、不近女色，這種苦行僧皇帝全世界沒有幾個。他的心地也好，是個虔誠的佛教徒，即使他弟弟不止一次派人行刺他，他居然還是一次次放過，這份善良真令人感到不可思議。

這些優點中任何一項都可以造就一個好皇帝，但偏偏集中到梁武帝一人身上，而他又做得太超過，最後成了一場悲劇。

梁武帝當時統領江南，北方有東魏和西魏兩個對手。東魏有個叫侯景的將軍，是個投機分子，領兵投奔梁武帝。善良的梁武帝居然接納了這個其他君主都不願相信的人，還任命他為大將軍。後來侯景造反，一直殺到梁武帝的皇城。皇城被圍，武將都在遠方鎮守，城裡的皇族和大臣都是多年跟隨梁武帝一起讀書的文人，這城當然守不住。最後，侯景還是攻進皇城，他倒沒敢殺死梁武帝，只是把他軟禁起來，甚至扣住飲食，就這樣把八十多歲的老皇帝給活活餓死了。

一位優秀的皇帝，沒想到卻是落了個如此令人錯愕的結局。

老師，這學期的習作我已經全部寫完啦！

嘿！我都沒寫耶！

太超過和做得不夠都不好啊！

克己復禮

——顏淵第十二·一

論語時代劇場

當孔子還年輕的時候，南方的楚國發生了一件大事。

這是一個慘痛的事件。當初楚靈王成為楚國國君的時候，楚國是那時最強盛的大國。楚靈王掌政後，不斷發動與各諸侯國的戰爭。戰爭無論勝負都會消耗大量的財富和生命，何況誰也無法保證在無休止的戰爭中做一個永遠的勝者。

但楚靈王似乎未曾這麼想過。為了炫耀他的功績，楚靈王在乾溪這個地方造了一座豪華的樓臺，名為章華臺，究竟如何豪華，今天已不得而知，但只要看它的別名「三休臺」也就不難想像了——三休臺的意思是說人從下面到臺頂要休息三次才能抵達。建好高臺後，楚靈王就開始在裡面享

樂，再也不關心國政。楚靈王還有個特殊癖好——他特別喜歡腰細的女子。伺候他的宮女紛紛想盡辦法減肥，而君王的這種喜好也傳染到民間，為了擁有細腰而餓死的婦女大有人在。後來，楚國終於發生叛亂，本來就一肚子怨氣的軍隊很快跑了個精光，將楚靈王一個人丟在乾溪面對叛軍。最後，在走投無路之下，眾叛親離的楚靈王自縊而死。

後來，孔子常拿這件事情教育他的學生：「克己復禮就是仁。如果楚靈王能做到這一點，哪裡會有乾溪的恥辱呢？」

知識錦囊

　　縊，音一ˋ，動詞，指用繩子勒緊脖子而致死。「自縊」即指上吊自殺。

夫子名言解析

顏淵問仁。

顏淵問孔子關於「仁」的意義。

子曰：「克己復禮爲仁。一日克己復禮，天下歸仁焉。爲仁由己，而由人乎哉？」

孔子說：「克制自己的私慾，使言行都符合『禮』的要求，那就是『仁』。能夠做到的話，天下人都會稱之為『仁者』。要去實踐『仁』，全憑自己，哪裡是靠別人做到的呢？」

顏淵曰：「請問其目。」

顏淵說：「請問實踐『仁』有哪些條目？」

子曰：「非禮勿視，非禮勿聽，非禮勿言，非禮勿動。」

孔子說：「不合乎『禮』的事不看，不合乎『禮』的話不聽，不合乎『禮』的話不說，不合乎『禮』的事不做。」

顏淵曰：「回雖不敏，請事斯語矣！」

顏淵說：「儘管我顏回比較遲鈍，還是讓我照著這幾句話去努力實踐吧！」

❶ 克，克制。

❷ 歸，稱讚、稱許。

❸ 由，聽憑、聽任。

❹ 目，條目，綱目。

❺ 敏，聰慧，有悟性。

❻ 斯，相當於「此」，代詞。

名句充電時間

　　在先秦的時候，「人」和「仁」兩個字是通用的，直到漢朝人寫字的時候還保留有這樣的情形。再以後，兩個字才漸漸分家，如我們現在所知的那樣。所以，凡是孔子說到的「仁」，通常可以說相當於仁義、仁慈，但如果要解釋為「做人的標準」也無不可。

　　顏淵問仁，孔子提出了「禮」，也就是說有「禮」才足以被稱為人，「禮」是人區別於其他生物的標誌。《詩經》有一篇《相鼠》中說：

「相鼠有體，人而無禮！人而無禮，胡不遄死？」

　　這句話以鼠和人做對比，諷刺無禮之人比老鼠還不如。

《禮記‧曲禮上》則說：

**「鸚鵡能言，不離飛鳥。猩猩能言，不離禽獸。
今人而無禮，雖能言，不亦禽獸之心乎！」**

這段話的大意是指鸚鵡雖然能夠模仿人說話，它的本質仍然是鳥，不會因它說人話，人們就把它當人來看；縱使猩猩能說人話，它的本質一樣脫離不了禽獸。然而人若失了禮教，即使能說話，他的心和禽獸又有什麼差別呢？

《詩經》和《禮記》中的這兩段話，都表達了類似的意思，強調出「禮」的重要性。

 注解

❶ 胡，何。

❷ 遄，音ㄔㄨㄢˊ，疾速。

在過去，四書五經是人們耳熟能詳的，所以，裡面的一些話被截取出來成為有特定意義的俗語。今天，不是人人都對四書五經那麼熟悉，所以常常先知道俗語，後知道源頭。

這裡的「非禮勿視」本來是說教的內容，最起碼要四個字才成文義。因為大家都很熟悉，現在居然截取「非禮」二字發展成調戲婦女的意思，而且還當動詞用，電視裡、街頭上，如果聽到女聲高呼：「非禮啦！」誰都明白是什麼意思，這個詞涵蓋了被「非禮」而「視」、「聽」、「言」、「動」的無數種可能，和《論語》的原文意思既有密切關係又面目全非，也是一種十分有趣的語言現象。

另外，儒家經典說到「禮」的地方很多，而電視裡諸如大俠、英雄在對敵人報復時也會說一句「來而不往非禮也」，這是《禮記》中的話，原文是：「禮尚往來。往而不來，非禮也；來而不往，亦非禮也。」意思是說禮儀是對雙方而言的，應該有來有往，只有一方對待另一方的做法就不合禮節了。後來人們把這句話的本意篡改了一下，就用來比喻針鋒相對、適時反擊。當然，這和此則《論語》中的「非禮」就沒什麼關係了。再比如「桃之夭夭，灼灼其華」本是《詩經》中用桃花比喻美貌女子的名句，後來人們利用諧音，把它變成「逃之夭夭」，這樣的語義轉換還真是有趣，令人不禁佩服前人的幽默呢！

孔夫子Mail box

寄件者：小恆

收件者：xxxx@魯國.com

主旨：為什麼我總是被罵沒禮貌？

哈囉！老師：

　　我的祖父和父親都是學者，很少和我聊天。尤其是祖父，我真覺得他像《紅樓夢》裡的賈政，一天到晚都那麼嚴肅，還經常為一些小到不能再小的事訓斥我「沒禮貌」。我真的很苦悶，也很想不通他們為什麼要這樣。

學生　小恆　敬上

收件者：小恆

主旨：Re：為什麼我總是被罵沒禮貌？

　　想想看，講到「禮」這個字你會想到什麼？禮貌、典禮，還是敬禮……？表面上「禮」似乎指一種行動的規範或儀式，但一般人認為禮不只是表面功夫而已，而是要發自內心，進而表現在外的行為。所以與人相處時，一旦失禮，往往就意味著對這人不尊重。失禮常常造成嚴重的後果又不容易發現病根，所以你的祖父之所以會這樣嚴格管教你，要你能夠以禮待人，或許就是擔心你在外不小心得罪人而不自知。

　　這樣吧，老師給你說一段往事，希望能對你有所啟發。以前老師曾教過一個叫小中的學生，功課雖不是一流，但性格率真可愛，急公好義，熱心助人，是個很好的孩子。他曾向老師訴苦，說自己真心待人，可在和人來往

時，不知為何總是四處碰壁，卻找不到原因。

於是老師給他說了北宋名相曹利用的故事，並讓他猜猜看，為什麼這樣一個盡職敬業的好宰相，皇太后會不喜歡他，將他免職。或許你也會和小中一樣，猜他說錯了話。其實是比這還更不起眼的小事，曹利用上朝的時候有個習慣性動作，老是用手去繫他的衣帶。這樣的動作不太雅觀，當然容易引起皇太后的反感。

你或許會覺得奇怪，曹利用的故事和小中、和你有什麼關係呢？其實你和小中的情況有點類似：平時和同學在一起，你和小中一樣，常常不經意間就說了髒話，雖然不是有意在罵誰，可旁人總是會覺得不太愉快。

經過老師的提醒，小中注意到了這個問題，開始矯正自己說話的壞習慣。慢慢地，以前對他敬而遠之的同學和他親近起來。看到這裡，相信你也知道被家人約束的原因了，希望你也能像小中一樣勇於改進！

孔夫子

魯國論語學院專任教師

無名市儒家區教育路1號

電話：（００）1234-5678

mobile: 0900-123456

mail: xxxx@魯國.com

剛毅木訥，
近仁

——子路第十三·二十七

論語時代劇場

在孔子那裡，讀書是件快樂的事。

這一天，大家一起讀《詩》。孔子和大家讀詩，不是一字一句地講解，弟子們可以自己去理解、思考，有了收穫或疑惑可以提問，也可以互相討論。這次讀的詩題目叫《巧言》，是一個大夫擔心國君聽信讒言而寫的，其中有兩句：「巧言如簧，顏之厚矣。」

「簧是樂器裡的簧片吧？」有學生問。

孔子點點頭。

學生又問：「『顏之厚矣』是說人臉皮厚，這是很嚴厲的責備，和發出美妙聲音的簧

片好像有矛盾呀？」

「哎，你忘了以前說的『巧言令色』了？話可不是音樂，說得太好聽，多半不是好人。」另一個學生插進來。

大家七嘴八舌紛紛說出自己的想法，最後都認同一點：話說得太好聽的人，他的品行很值得懷疑。

孔子說：「換個角度看，一般真正的仁人都能堅持自己的操守，所以內心剛強，遇事不屈不撓，而外表則相當質樸，甚至連話都很少。這個樣子，往往並不像『巧言如簧』或『巧言令色』那樣討人喜歡，我們可以歸結成四個字：剛、毅、木、訥。」

夫子名言解析

子曰：「剛、毅、木、訥，近仁。」

孔子說：「剛強、堅毅、質樸、寡言，這樣就接近『仁』的境界了。」

❶ 木，質樸。

❷ 訥，音ㄋㄜˋ，少說話，言語遲鈍。

名句充電時間

　　剛、毅、木、訥四字可以分別理解字義，但體察、實踐這話時卻萬不可打散了分開做。沒有剛毅的內在品行，徒然做到木訥的外表，那恐怕離傻不遠了；只有剛毅的內心，外表太過張揚，必然失於浮躁，也是有害無益。唯有內外兼顧，剛、毅、木、訥四項平均修煉，才能真正接近所謂「仁」。這一點，漢朝的**劉向**在他的《新序》一書中作了一個非常好的比喻：

「忠信者，士之行也；言語者，士之道路也。道路不修治，士無所行矣。」

　　做什麼事都猶如走路。走路走路，走也重要，路也重要，實在是缺一不可的。

❶ 劉向，原名更生，字子政，西漢經學家、目錄學家、文學家。

　　同樣的詞彙，對於不同經歷、不同學力的人來說，很可能會形成完全不同的印象。在今天，人們大多推崇成功、奮鬥、創造，尤其對年輕人來說，保守、退讓等詞都有著很濃的負面色彩。所以若只知道詞義而不瞭解這個詞彙的相關背景，往往會理解不深甚至誤解文義。

　　木訥，就詞義而言是指人的一種特徵，話很少，看上去總是像在發愣一樣，有點呆呆的。孔子說木訥是仁人的特徵，是很高的褒獎，然而今天很多人卻認為這是傻瓜的表現，是一種貶低。其實詞義沒有區別，但由於不同時代、不同思想的人對此有認知差異，褒貶就有所不同了。在古代，不僅孔子崇尚傻和呆，老子也說過「大智若愚」。莊子則用他一貫擅長的寓言手法塑造了一隻鬥雞賽中的冠軍雞，它是場上的王者，但在平時的表現實在是不起眼，這就是成語**呆若木雞**的出處。所以，古代人取名字的時候，常用若愚、若木等類的詞彙。在他們看來，既有品德又有實力的頂尖人物肯定是低調的，這幾乎是一種常識。

　　常識到了另一個完全不同的文化環境中很可能就變成了新奇的哲理，電影《阿甘正傳》（Forrest Gump）就是講一個智商只有75的普通美國人在幾十年的經歷中，以一貫的真誠看待世事，最後勇於走出自我的故事。對西方觀眾而言，這樣的故事構思新奇而充滿了智慧，所以它獲得了多項奧斯卡大獎。東西方的智慧，在此發生了一次小小的融彙。

---

❶ 莊子原文指冠軍雞平日呆呆的像木頭做的雞一般，現今則多用「呆若木雞」來形容因驚訝而發愣的樣子。

古人用來形容個性特點的詞常常很難體會，與其照著詞語解釋硬背，不如參看一些具體的故事。

我們現在遇到剛毅木訥的說法，用兩個小故事來解說，就非常容易理解。但是，聽故事解詞語萬不可拘泥於情節，認為只有一模一樣的事才是這個意思哦！

明朝有個將軍名叫董用和，他在北京做官的時候，住所和後來有名的民族英雄于謙正好是對門。董用和生了兒子，照慣例當然要邀集親友慶賀一番。請帖發出去了，東西也準備好了，眼看吉日將近，客人們明天就要來參加酒宴了。就在這時候，對門于家出事了：于謙的母親突然病故了。聽到這個消息，董用和二話不說，連夜派人遍告親友，宴會改期。

明明旁邊就有客棧，幹嘛不進去休息呢？

因為太「木訥」，根本沒想到這點吧！

家人嫌麻煩，勸說道：「兩家人，兩家事，互不相干。」董用和堅定地說：「人家有喪事，我這裡辦喜事，於人情不合，一定不可以！」

又有一次大熱天，董用和與同僚葉盛一起退朝回家，騎在馬上慢慢前行。葉盛是個文官，身體較虛弱，被太陽曬得快要中暑了，便對董用和說：「能不能騎快點啊？」

董用和慢條斯理地問：「你是不是嫌熱啊？」

「是啊！」葉盛沒好氣地答道。

董用和道：「你熱，我熱，那馬就不熱嗎？」還是保持著原來慢吞吞的速度直到回家。

呵，兩個小呆瓜在比誰比較木訥，誰先說話誰就輸了。

他們兩個是怎麼了？

03.

成功者
的做事方法

工欲善其事，必先利其器

——衛靈公第十五·九

論語時代劇場

新弟子入門，對孔子多懷有敬畏之心，於是，他們多向學業出色又擅長言辭表達的師兄子貢打聽老師的種種往事。

「我們的夫子那麼博學多才，是天生的還是有更厲害的老師教的？」

「我們的夫子啊，他的天賦是超凡的，我們私下都常說他是聖人，不過夫子本人是絕不接受這一稱呼的。」

「那麼說來，夫子的學問都是上天賜予的？」

「倒也不能這麼說。夫子的勤學、好學遠遠超出一般人，這也是一種天賦呢！而且，夫子常常對我們說，古代聖賢也都常向人求教，黃帝曾拜風后為師，堯的老師叫務成，舜的老師叫紀后，至於文王、武王的老師就是有名的姜太公。聖人都如此，我們一般人哪能拒絕向人學習呢？」

「那我們夫子也有老師嗎？」

「我只知道夫子早年曾經特地向老聃求教過。但夫子常跟我們說，要想宣揚大義，必須先儲備足夠的知識和思想，就像工匠要做好事情必須先把工具準備好。所以，夫子遇到疑惑會隨時向內行請教。這麼說起來，他有沒有特定的老師、有幾個，還真的很難細數呢！」

子貢問爲仁。

子貢問如何做到仁。

做好，使……完善，在
這裡「善」字是動詞。

子曰：「工欲善其事，必先利其器。

孔子說：「工匠要做好他的工作，就必須先讓自己的
工具精良。

居是邦也，事其大夫之賢者，友其士之
仁者。」

要注意這裡的「友」當
動詞用，指結交朋友。

住在一個邦國之中，要敬奉其官員中有德行的，和那
些仁者交朋友。」

❶ 士，有時可以指普通男子，有時專指讀書人、
　有文化的人，這裡是和「大夫」對稱，指地位
　次於大夫的官員。

❷ 事，侍奉，動詞。

　　「工欲善其事，必先利其器」早已成為一句俗語。但我們使用它時大多是用來提醒人要做好事前準備，如要學歐美文學應先學好英文、要開便利商店需先購置收銀機與各類器具之類。如果沒有回過頭看《論語》原文，可能許多人都沒想過孔子的本意是把朋友比作工具——君子以修養德行為業，而好的朋友能互相砥礪切磋，和工匠作工用的工具是一樣的。《周易》中有一句：

「君子以朋友講習」

　　也是類似的意思。我們知道，《周易》本來是占卜書，它的主體很像我們去廟裡求的卦籤，一共六十四卦，每卦有六條，稱作六爻。後來，人們給這些卦籤加了許多解釋，其中一種叫做「象」，就是根據卦爻所代表的自然界的物象來推出其人事意義。這一條就是兌卦的象辭，它表示兩個相連的沼澤，所以用來比擬兩個好朋友互相切磋，共同進步。

譬喻是一種常見的修辭法。凡是在說話或寫文章時運用一個相似的具體事物來「打比方」，說明另一個較抽象的事物或概念，就叫做「譬喻」。在日常生活中若能善用譬喻的修辭技巧，不但能充分表達自己的意見，而且可使說話或文章更為生動活潑。

通常一個譬喻要由「喻體」、「喻詞」、「喻依」三者構成。以「熱情如火」這個簡短的譬喻句來看，「熱情」是我們要說明的事物，也就是喻體；「火」是用來說明喻體的事物，所以是喻依；而放在中間連結兩者的「如」就是喻詞。舉凡「像、好像、如、似、好比是」等詞都是喻詞，通常看到這樣的句子，多半代表這句可能是譬喻句。但譬喻是「借彼喻此」，需要用不同的事物來說明，拿同種事物就不算是譬喻了，所以要注意，像「你長得好像媽媽」這樣的句子，就不能算是譬喻句。

依據不同的使用情況，喻體、喻詞、喻依未必一定同時出現，所以，譬喻又可以再細分為幾種。

最簡略的一種只出現喻依，其它兩項都被省略，這就是譬喻法中的借喻。遇到借喻，必須通過上下文找到被隱藏的喻體才能理解句意。工欲善其事一句如果孤立出現，那可能是本來就在說工匠工作的訣竅，但結合下文，便可以明白原來是在說君子修身、為官的道理。由此可知，孔子這句話原本是指：君子要培養仁德，

就像是工匠要做好工作，要先使他的工具精良、銳利一樣。這段話的喻體和喻依都不是如熱情、火等一般常見的情感或事物，而是指做事的道理。

「路遙知馬力，日久見人心」也是一條常見的格言，我們同樣也可以將上半句視作喻依，下半句視作喻體，這樣就僅僅是喻詞被省略了，這種省略喻詞的方式，我們稱之為略喻。

譬喻的技巧說難不難，但說簡單也不簡單，要舉出貼切又易懂的例子，可要好好發揮自己的聯想力，多多腦力激盪了。

簡言之，看到：

    A 像 B

    A 是 B

這類的句子多半應用了「譬喻」的修辭。

但值得注意的是，被拿來做例子的事物一定要與原本的事物有相似之處，且兩者的類別不能相同，即A類不能等於B類。

上文「你長得好像媽媽」一句，「你」和「媽媽」都是「人」，所以自然不能算譬喻了。

「工欲善其事，必先利其器」最初只是孔子說明君子如何修養仁德的一個比喻，後來漸漸成了家喻戶曉的名句，於是人們多半只著重於這句話說明的道理。在生活中這個道理幾乎到處可用，人人都知道要走遠路需穿合腳而好走的鞋，要田裡多產糧食需打造精良的農具，而要做好一件事，就必須先做好事前的準備。

有一個版本繁多卻大同小異的故事，內容說的是古時人們日常生活中的例行公事：砍柴。柴，是當時做飯取暖的必需品，普通人家必須自己去山間野外收集。這項工作不算特別繁重，但也需要費一些力氣，所以，一般是十幾歲的孩子的工作。

從前，有個孩子到了可以負責這項工作的年紀，於是父親讓他去山裡砍柴。剛開始是父親帶著他，教他全部的技巧和注意事項。孩子學得很快，父親覺得放心了，便讓他獨自砍柴，自己去忙田裡的工作。

過了幾天，父親發現家裡的柴總是不夠燒，於是他開始注意兒子每天的成果：「你一天怎麼會只砍了這麼一點柴？不會只顧著在山裡玩吧！」

「沒有啊！」兒子很委屈。

看吧！我一天砍了這麼多柴！

妳也一樣，明天就要期末考了吧，還混！

哼，沒做好事前準備，斧頭都鈍了還自以為很厲害！

父親想了想說：「把你的柴刀拿來我看。」

看著傷痕累累、不再鋒利的柴刀，父親搖搖頭：「傻孩子，明明別的都學得不錯，怎麼偏偏這種不用多教的事你會不開竅！這刀還能用嗎！」

兒子搔搔頭：「用起來的確不順手。」

「不順手不會磨！」

「可是磨刀很費時……」

剛剛老師才講過……就是指做好事前準備，不但不會耽誤時間，還能做得又快又好。

父親說：「明天，你早上起來先到井邊去磨刀，不管磨到多晚，把刀磨好了再去，砍夠這樣大的一捆柴再回來。」邊說，邊比劃著。

兒子吐了吐舌頭，暗自叫苦。

第二天，兒子照做了。因為磨刀，他比平時晚了許久才出去，但等他砍夠了柴回到家，不僅到家的時間比平常早，砍到的柴甚至還比前一天多了三倍。

磨刀不誤砍柴工到底是什麼意思呢？

這也應證了一句話：「磨刀不誤砍柴工。」若事前準備做得好，要成功當然也就事半功倍了。

欲速則不達

──子路第十三・十七

論語時代劇場

　　孔子門下有很多弟子不僅個性不同，有各自的優、缺點，適合的教學方式當然也不一樣。像擅長文學的子夏雖然對詩歌的感覺特別敏銳，偏偏不擅長抽象的理論，而且很常鑽牛角尖，孔子在引導他時總是特別費心，但也能獲得更大的成就感。

　　得意門生子夏到莒父擔任地方官了，孔子想到他執著、易鑽牛角尖的個性，不禁有些憂慮。記得有一次子夏在老家衛國看到人讀晉國史書，上面有一句「晉師伐秦，三豕渡河」。子夏馬上說：「不對，書抄錯了，不是『三豕』，是表示日期的『己亥』！」後來有人去查對原書，果然是「己亥」，一時傳為美談。

　　從這件事也可以看出子夏讀書的細心與認真。但這正好是孔子憂心的原因：「唉，子夏這孩子做任何事都很認真仔細，做學問

總是要求要明瞭所有細節，十分刻苦。這樣的個性做學問還好，但要當地方官，可能會忘了以大原則為重，而只著眼在小地方，這該怎麼辦才好呢？」

「不行，我必須想個法子來提醒他。」孔子左思右想，總算想到一個好方法——暗示。正好子夏前來拜訪老師，請教關於施政與管理的要領，孔子便對他說：「做事情不要貪快，也不要只追求眼前的小利益，做事若是貪快而忽略了細節，容易使你達不到目的；而眼前利益則會蒙蔽你，使你做不成大事啊！」

聰明的子夏立刻就明白孔子的深意，便虛心接受了老師的教誨，滿懷感激地回去了。

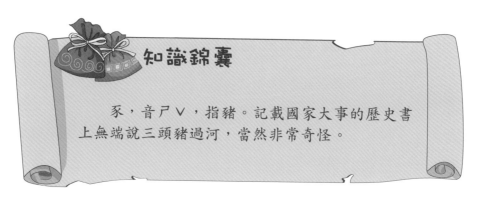

知識錦囊

豕，音ㄕˇ，指豬。記載國家大事的歷史書上無端說三頭豬過河，當然非常奇怪。

子夏爲莒父宰，問政。

子夏做了莒父這地方的行政長官，於是來請教孔子關於行政方面的要領。

子曰：「無欲速，無見小利；欲速則不達，見小利則大事不成。」

孔子說：「不要圖快，不要追求小利益。圖快會使你達不到目的，追求小利則會做不成大事。」

❶ 莒父，當時魯國的一個小城鎮。

❷ 無，不要、不可。

❸ 欲，想要。

凡做事，最好能夠堅定持久，操之過急，僅僅為了求速成而違背事情自身的規律，多半要壞事。歷來哲人多強調這一點，明朝的學者薛暄在他的《讀書錄》中就說：

「天下之事緩則得，忙則失。」

至於因小利而壞大事的典故，西方人最熟悉的莫過於《聖經·創世紀》中的故事：哥哥以掃（Esau）為了一碗紅豆湯，把長子權讓給了弟弟雅各（Jacob），這使得他的後裔都要服侍雅各的後裔。英語中至今還有 "sell one's birthright for a mess of pottage" 的諺語，以此表示「因小失大」。

和「欲速則不達」意思最接近的話當屬「性急喝不得熱粥」，只是一個常作書面語用，一個多半用於平日的口語。

書面語比較正規，一般有出處、有特定的解釋，若沒有讀過或學過，聽了很可能會一頭霧水。平時說話用的口語則來自於民間的口耳相傳，究竟是誰想出來的往往無從查考，但通俗、淺顯，不需要任何解釋，一聽就懂，而且形象十分鮮明。

很多常用語可粗略分為這兩類，它們很難說孰優孰劣，也沒有什麼使用限制，主要是看你寫文章的體裁、說話的對象來使用。同樣是「欲速則不達」的意思，到了文人筆下，他們可能會說：「張弛有道，事緩則圓」，做事要有彈性，明白何時該緊，何時該鬆，慢慢來反而能使事情圓滿達成。一般人聽到這可能就會嫌麻煩了——管他什麼方啊圓的，不就是「緊紡無好紗，緊嫁無好大家」的意思嘛！

語言是有生命的，如果能合理地運用語言中的元素，那麼，表達也將是有生命的。有生命的表達不僅可以讓人理解，更可以感染他人，讓人和你一起哭、一起笑。

孔夫子Mail box

寄件者：阿宏

收件者：xxxx@魯國.com

主旨：讀書心得：「一ㄚˋ苗助長」的農夫真笨！

老師好：

　　最近學到了「一ㄚˋ苗助長」的成語，記得您在課堂上說，那個農夫為了讓秧苗長得快一點，忍不住一株一株把它們拔高，最後反而害得秧苗都枯死了。我覺得他實在是太笨了！他應該要發明一種藥水，讓植物飛快地長才對，省得自己這樣一株株拔，把自己累得半死還沒用。嘿！這次的故事心得大賽一定是我最有創意了吧！我等著您的獎品唷！

　　P. S. 不會寫的字就請您睜一隻眼閉一隻眼吧！

學生　阿宏　敬上

收件者：阿宏

主旨：Re：讀書心得：「一ㄚˋ苗助長」的農夫真笨！

　　學習可是不能馬虎的，老師正好利用這個機會跟你講講這個字。「一ㄚˋ」寫做「揠」，有「拔」的意思，所以「揠苗助長」這個成語也有人寫做「拔苗助長」，類似「欲速則不達」，指為快速求得好成果而不按順序做事，最後因此失敗甚至反受其害。換句話說，都是要告訴我們：「做事是急不得的，要腳踏實地一步步進行。」

　　阿宏你的確很有創意，可惜還是沒有聽懂老師說這個故事的用心，不符合先前說的得獎資格，所以恕老師無法給你獎

品了。老師這麼說你自然會不高興，不過老師還有個故事想和你分享，希望你能得到一些啟發。

你有聽過或看過一部日本電視劇《阿信》嗎？這部日劇講的是一個日本婦女不畏艱辛，克服萬難創業的故事。她是真有其人，名字就叫和田加津，而她創立的企業──八百伴，在兒子和田一夫的努力下，變成了擁有400家跨國百貨超市的大集團，但後來由於他在短時間內在世界各地一下子開了太多分店，最後吃不消，不得不宣告破產。和田一夫也由一個身價億萬的總裁變成了靠退休金生活的普通人。

大商人心急，搞砸了自己的事業，影響的可不只是他一個人，而是整個企業的員工；學生心急，而使得自己的學業基礎不穩固，影響的可是日後各科的學習，所以做任何事可不能操之過急，否則到時後悔也來不及了！

★★★★★★★★★★★★★★★★★★★

孔夫子

魯國論語學院專任教師
無名市儒家區教育路1號
電話：（00）1234-5678
mobile: 0900-123456
mail: xxxx@魯國.com
★★★★★★★★★★★★★★★★★★★

近者說，
遠者來

——子路第十三・十六

論語時代劇場

葉公是楚國葉縣的執政官，他的政績優異，是當時楚國一流的政治人才。孔子早已聽過他的許多事蹟，周遊列國的時候特地前去拜訪。葉公也十分欽佩孔子，兩人相見當然有很多話題可以討論。

「您認為什麼樣的施政方式才是完美的？」葉公問道。

「政治牽涉的面向很廣，它的目的主要是讓百姓更好地生活，所以我認為若能治理好一個地方，會讓百姓非常愉快。」孔子想了想，繼續說道：「久而久之，遠方異域的百姓也會慕名而來。」

「說得好！一個好官，就應該讓百姓來評價。這樣的境界也是我努力追求的。」

不過，兩個都很有想法的人肯定會有不同的觀點。隨著話題越來越多，意見的分歧在所難免。說到了「正直」，葉公舉例說：「如果父親偷了東西，兒子能夠站出來指證，那就是正直的表現。」

孔子搖搖頭：「我的看法恰恰相反。」

顯然，他們的出發點不同，葉公是站在一個執政者維護社會秩序的立場來思考的，而孔子更關心的是人倫、是社會整體的和諧。

起初，孔子曾打算在葉公這裡找一個施展抱負的空間，然而經過溝通，他們都覺得彼此有不少分歧，不合作或許是更明智的選擇。但後來把孔子視作偶像的弟子們卻不免有點疙瘩，於是用葉公的名字編了個好玩的寓言故事，那就是今天熟知的葉公好龍。結果一傳十，十傳百，葉公本來的事跡反倒被人漸漸忘卻。

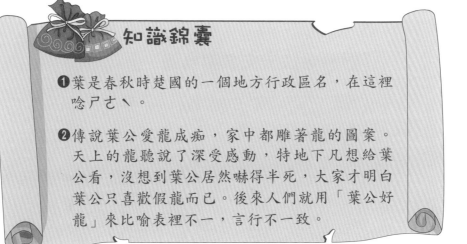

知識錦囊

❶葉是春秋時楚國的一個地方行政區名，在這裡唸ㄕㄜˋ。

❷傳說葉公愛龍成痴，家中都雕著龍的圖案。天上的龍聽說了深受感動，特地下凡想給葉公看，沒想到葉公居然嚇得半死，大家才明白葉公只喜歡假龍而已。後來人們就用「葉公好龍」來比喻表裡不一，言行不一致。

夫子名言解析

葉公問政。

葉公問政治。

通「悅」，所以在這裡「說」唸作ㄩㄝˋ，成語「近悅遠來」即出自此處。

子曰：「近者說，遠者來。」

孔子說：「使近處的人快樂，讓遠方的人歸附。」

❶ 來，歸附、歸順。

名句充電時間

　　這是儒家對其仁政理念的一個描述，君主能以仁德之心對待百姓，不僅本國百姓受到恩惠而心存感激，好名聲還能遠傳四方，使異域百姓也願意歸附。正如孟子所說：

「國君好仁，天下無敵焉。」

　　作為帝王或地方官，百姓如果發自內心不願與你為敵，那還有什麼能成為你的障礙呢？

　　時至今日，「近悅遠來」從表示善政的褒義詞，漸漸被用來表示商家顧客至上的經營，比如「這間餐館物美價廉，顧客近悅遠來，生意很好。」看來做生意和治理天下，在道理上也是相通的呢！

平時，不習慣閱讀文言文的人會說：又是之乎者也！

不錯，之乎者也四個字確實是文言文中最常用的。前面我們在「過猶不及」裡說了「也」，看上去並不很難，這裡又遇到了「者」，也很簡單。

「者」的常見用法之一是與「也」互相搭配構成判斷句，前面已經說過。除此之外，還常用作代詞，相當於現在說的「的人」，《西遊記》中的悟空和著名的打虎英雄武松都被稱作「行者」，本意就是修行的人。「近者說，遠者來」也是這個用法。不過，這個用法也不一定專指人，其他的事物也可以這麼用，兩個碗，大的便是大者，小的便是小者。

除此之外，「者」在很多場合下是作語助詞用的，這些情況如果按教科書的詳細分類一條條去硬記會很麻煩，好在語助詞大多沒有實際意義，去掉它不會損失文意，我們讀得多了自然能體會這些習慣用法，還未熟悉的時候遇到了，則大可視而不見。

最後，還有一個特殊情況：正規的文言文是沒有「這」字的，一般是用「此」、「斯」之類，唐宋之後口語中才慢慢出現了「這」，但一開始寫的時候有寫成「這」的，也有寫成「者」的，所以在一些詞曲和半文半白的小說裡常常有「者番」、「者般」、「者裡」之類的詞。

　　近悅遠來在中國古代政治史上一直是一個理想，這種美好的境界只出現在堯、舜、禹、湯這樣的半神話之中，後來的帝王多半還是離不開武力的，只有少殺和多殺的區別。

這個字唸一ㄣˋ喔！

　　宋太祖趙匡胤在四分五裂的中國版圖上建立了宋王朝，雖說他用武力征服了許多割據政權，但有一條原則：不殺降王與大臣。相比之下，這已經足以讓他成為歷代少見的仁德之主了，而這樣的規矩也確實對他的統一大業有很大的幫助，使許多人願意臣服於他，為他做事。

音ㄔㄤˋ，銳利的意思

　　投降的南漢主劉鋹用珍珠編了一條龍獻給趙匡胤，趙匡胤很高興，賞了他一杯酒。沒想到劉鋹接了酒一個勁叩頭哭泣。太祖叫左右取過他手中的酒一飲而盡：「朕對你推心置腹，怎會下毒害你？」命人另賞了他一杯。劉鋹面帶羞愧——當年他在廣州，用毒酒殺害屬下性命是常有的事。

　　趙普是趙匡胤手下的頭號文臣，這個號稱「半部《論語》治天下」的宰相，在史書上的口碑並不很好。一次，趙匡胤去他府上看望，正好看見走廊裡放了十個瓶子，就隨口問是什麼東西。趙普說是吳越王送來的海鮮。趙匡胤說：「海鮮我倒是很有興趣。」於是打開一瓶要嘗嘗，用筷子一夾，裡面竟然都是金子！趙普嚇得連忙解釋說自己還沒打開看過。

　　太祖淡淡地說：「那你就收下嘛！他以為什麼事都是你做主，所以要使勁巴結你呢。」

後來趙普一再出現營私牟利的問題，趙匡胤才發火了，不過處罰也只是外調去做了節度使而已。由此也可看出太祖對讀書人的禮遇，這也使許多讀書人願意為國家效力，文教風氣大興。只是重文輕武也使得國勢積弱不振，對外戰爭多半都是敗仗。即使太祖已算是施行仁政的君主，離「近悅遠來」的境界還是有一段距離，看來要達到孔子的理想恐怕頗有難度呢！

草上之風，
必偃

—— 顏淵第十二‧十九

在孔子的時代，雖說周朝也有天子，但並不像後來漢朝、唐朝、清朝等王朝那樣由皇帝和他的宰相、臣子形成一個體系，直接領導一個龐大的帝國。西周初年，姬姓的文王、武王建立了周，隨即把天下的領土分成了若干份，分別封給功臣和親屬，形成了許多諸侯國。這些大大小小的諸侯要管理自己領地的軍、政、財各項事務，就又必須任命屬於他自己的各級官員，比如大夫、卿等。

比較特殊的是，當時不僅周天子是父子相傳的，諸侯也是，甚至諸侯手下的卿和大夫也是。名義上周天子是天下的共主，但事實上諸侯各自為政，到了孔子的時候，又有很多諸侯不擅管理政務，權力就漸漸移到了大夫手裡。在魯國就是如此，季氏已經成為魯國實質上的管理者。面對這種情況，孔子很不滿，但他無力去改變，而且常常回避不了和季氏討論如何治國。

一天，季康子問孔子：「要使國家的政治清明，只要把那些小人殺乾淨不就好了？」

「不，不是的，領導百姓並不需要那麼多暴力。」孔子一如既往地談他自己的理念：「舜是聖賢帝王的楷模，當他還是普通百姓的時候就顯出了強大的道德魅力，無論是耕田、捕魚還是製陶，只要有他在，過不了多久周圍的人們就會變得互相禮讓，工作上也精益求精。別處的人們紛紛慕名而來，很快就會形成一個小小的市鎮，所以應該用道德感化人民比較好。」

看著沒什麼反應的季康子，孔子感到一絲困惑：「我究竟該不該跟他說這些呢？」

接近、趨向，在此當動詞用喔！

季康子問政於孔子曰：「如殺無道，以就有道，何如？」

季康子向孔子請教政治，說：「要是藉由殺掉壞人來使政治清明，這辦法怎麼樣？」

孔子對曰：「子為政，焉用殺？子欲善，而民善矣！

孔子說：「你治理國政，為什麼一定要用殺戮的辦法呢？作為執政官，你想從善，老百姓自然會變得善。

音一ㄢˇ，倒伏的意思。小心可別與「揠」一ㄚˋ弄混了。

君子之德，風；小人之德，草；草上之風，必偃。」

君子的德行猶如風，小人的德行猶如草，風的力量施加在草上，草自然會倒伏順從。」

❶ 季康子，魯國貴族，曾經執掌魯國國政。

❷ 上，施加。

❸ 君子，有德之人或指在位者、管理者，在此是指後者。

❹ 小人，除了用來指人格卑鄙的人，也用來表示平民百姓，在此是指後者。

名句充電時間

　　孔子堅信百姓都是向善的，有美德的引導他們一定會風從。從是非善惡的角度出發，邪不勝正，小人必定也會倒向君子一邊。後來，孟子將儒學發揚光大，他在闡述這個問題時引用了孔子的另外一句話：

「德之流行，速於置郵而傳命。」

　　這一句是從美德傳播的速度和效率來說的。因為美德在人群中是可以互相感染、互相觸動的，在每個人學習、生活的道路上堅持不懈地完善自身品格無疑是重要的任務，不僅能成就自己，更能影響他人。尤其是那些有聲望、有地位的人，他們身上的美德能對更多人產生深遠的影響。

 ❶ 置郵，用車馬傳遞文書信息。

這一段是孔子的弟子們記載的，所以把孔丘稱為「孔子」，「子」相當於先生、老師這一類的尊稱，這種用法是大家都很熟悉的。然而，季康子顯然不是能被當作老師的對象，而且，孔子稱季康子也用「子」，這裡就有意義上的區別了。

「子」在早期的漢字中是這樣的： 。

怎麼樣，很生動吧？看起來就像一個高高興興甩著胳膊在奔跑的小孩子。所以，最早的時候「子」就是子女、孩子的意思。

比較奇怪的是，一般來說我們都不喜歡被人看作小孩子，但恰恰這個「子」被古人用來稱老師、稱貴族或當面稱對方。這可能由兩方面原因所導致：一是任何一個人都是從「子」做起的，天下最有權力的人猶如天之子，所以叫天子，其他還有太子、王子、公子等等，「子」並不特別強調一個人小、無知、幼弱，而首先是表示身分地位的傳承。

二是周朝立國之初，按等級向下分封，爵位分五等：公、侯、伯、子、男。比如齊國，最初的管理者姜太公被封作侯爵，所以照理說他的子子孫孫做齊國的國君都應稱為齊侯，但後來隨便亂稱呼，於是都叫齊桓公、齊景公之類。「子」的級別比較低，但終究也是一個級別，所以後來諸侯國君手下的大夫就拿

來用了──本來他們是根本輪不到天子封爵的，自己只是為某個公或侯服務，後來漸漸掌權，就也想給自己一個美稱，於是就出現了許多「子」，如魯國的季文子、季康子，與晉國的趙簡子等等。

這樣一來，「子」就成了尊稱，有學問的人也被稱為子，有禮貌地稱呼別人也用子。

再到後來，「子」越來越通俗，成為一般人的通稱，便有了男子、女子之類的用法。

中國歷代都有許多儒生從政，他們之中的佼佼者的確能做到以德感人，從本質上挽救那些一度走向墮落的靈魂。

<ruby>音ㄌㄨㄥˇ</ruby>

清朝的陸隴其是一個沒有做過大官的普通讀書人，但是在他曾任職的地方，百姓都稱道他的恩德。

他在擔任地方官時，曾經親自用一般人聽得懂的白話文寫過一篇《勸盜文》，叫獄吏拿去獄中誦讀，大意說：「一念之差，不願安分過生活，才做出這種事來，在牢中受苦。只要痛悔過去犯的錯，出獄後重新做個好人，依舊可以成家立業」，一時間獄中的牢犯們痛哭失聲。

這輩子懂此一次，要重新做個好人！

好好的故事，都變得沒氣氛了啦！

哈，這是抄無間道的吧！

他在靈壽當知縣的時候，有個老婦人來告她的兒子不孝，陸隴其對老婦人說：「我還沒有僕人，你的兒子可以暫時來幫忙，如果我找到合適人選了，我再以杖刑處罰他，然後遣送他回家。」此後，這個青年每天侍奉在陸隴其左右，看陸隴其一早恭候在老母親的門外，侍奉母親洗漱、吃早飯。午飯、晚飯的時候，他又在旁邊服侍，時常逗母親開心；母親吃完了，他才吃剩下的東西。哪天母親稍感不適，他會立刻找醫生，買藥煎藥，幾夜不睡也不知道累。幾個月後，青年跪在陸隴其面前，請求回家看望母親：「過去我不懂事，對母親不好，現在好後悔啊！」於是陸隴其讓他們母子相見，兩人抱頭痛哭。後來這個青年甚至因為孝順而聞名於鄉里。

皇帝知道陸隴其的事跡，想召見他時，陸隴其已經去世。皇帝問：「為什麼不上奏？」

「七品官在職去世，照例不需上奏。」

皇帝嘆了口氣：「像這樣的人，本朝已不可多得了。」

明明就在上課時大笑還敢說。

管理者要以德化民，老師你可別處罰我！

當然啦，我只是想讓你多練習，今天的功課加倍！

名不正，則言不順

——子路第十三·三

論語時代劇場

　　子路在衛國擔任大夫的家臣，因此他曾經試探地問孔子是否也願意在衛國從政：「老師，衛國國君想請您協助他治理國政，您會怎麼做呢？」衛國先前面臨國君繼位問題，朝政混亂，孔子對此有些微辭，於是便不說話了。

　　這時，衛國的國君名叫蒯輒，是前任國君衛靈公的孫子。衛國當初的太子叫蒯聵，是衛靈公的兒子，也是蒯輒的父親。蒯聵因為和衛靈公的夫人南子有些衝突，最後逃出國內投奔晉國去了，衛靈公一死，太子不在家，只好由太子的兒子做了國君。

　　如果蒯聵早死，或永遠不再和衛國有任何關係，那也一切太平。但，掌握晉國實權的趙簡子是個非常優秀的政治家，從蒯聵來到晉國的那一天，他就知道這是一張價值連城的好牌。衛靈公一

死，趙簡子馬上派人護送
蒯聵回國——衛國如果接
受，那麼蒯聵就是國
君，而且是晉國一手
扶持起來的國君；衛
國如果不接受，那就必須
承擔兒子反抗父親的國際
輿論譴責。

最終，衛國還是選擇
了後者。兒子與父親為了
爭國君之位大打出手，成了一大笑話。而這段令人尷尬的往事，也
讓孔子心裡有點芥蒂。偏偏子路太直了，沒想這麼多，一再追問老
師。孔子只好淡淡地說了句：「身為父親沒盡到父親的責任，身為
兒子沒盡到兒子的責任，若要我去協助治理國政的話，還是要先從
正名開始吧！」

心直口快的子路一句「迂腐」脫口而出，本來只是替蒯輒傳個
話，沒想到這下反而因說話不得體，被孔子責備說話太粗野了。

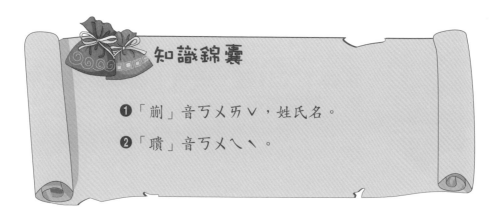

知識錦囊

❶「蒯」音ㄎㄨㄞ∨，姓氏名。

❷「聵」音ㄎㄨㄟ丶。

夫子名言解析

子路曰：「衛君待子而爲政，子將奚先？」

子路說：「衛國的國君等著老師您去治理國政，您準備先從哪裡下手呢？」

子曰：「必也正名乎！」

孔子說：「一定是先從辨正名分開始。」

子路曰：「有是哉？子之迂也！奚其正？」

子路說：「還有這樣的事啊！老師您真夠迂腐的，名分有什麼好辨正的？」

子曰：「野哉，由也！君子於其所不知，蓋闕如也。

孔子說：「仲由你真是個粗人啊！君子對自己所不知道的，就不隨便發表見解。

名不正，則言不順；言不順，則事不成；事不成，則禮樂不興；禮樂不興，則刑罰不中；刑罰不中，則民無所措手足。

名分不正當，說的話就不順當合理；話不順當合理，事情就做不成；事情做不成，禮樂就無法施行；禮樂不施行，刑罰就不會得當；刑罰不得當，老百姓就會無所適從。

故君子名之必可言也，言之必可行也。君子於其言，無所苟而已矣！」

所以君子必定先辨正名分，才說話表示意見；話說得合理，事情也就能夠順利施行。君子對於自己說的話，是一點都不馬虎的。」

❶ 奚音ㄒ一，疑問詞，相當於哪、何。

❷ 正名，辨正名稱、名分，使名實相符。

❸ 野，粗鄙。

❹ 「闕」音ㄑㄩㄝ。闕如，存疑不言或空缺不寫，不表示任何意見。

❺ 措，安置。

❻ 「苟」音ㄍㄡˇ，苟且、馬虎。

　　古代所說的正名在不同場合有不同含義，有時指對具體事物名稱的考證，也有指校正各種稱謂、稱號以區分尊卑等級的，古人常把它們看作是相同本質、不同形式的活動，於是孔子「正名」的名言常被廣泛引用到各種場合。

　　與孔子本意比較接近的，是作為治理之道的「正名」，是領導者管理部屬的一種制度方法。對此，《呂氏春秋》是這樣描述的：

> 「王良之所以使馬者，約審之以控其轡，而四馬莫敢不盡力。有道之主，其所以使群臣者亦有轡。其轡何如？正名審分是治之轡己。」

　　王良之所以善於駕馭馬，是因為他懂得如何適當地控制韁繩，使一起奔馳的四匹馬共同努力。明君手中也有駕馭臣子的韁繩，那就是「正名審分」，簡單地說，就是給臣子以合適的名利、權力和約束，從而使之有所發揮，服務帝王。

❶ 王良，古時擅長駕馭（ㄩˋ）馬的人。
❷ 轡唸作ㄆㄟˋ，指控制馬的韁繩。

　　這一段話中「名不正，則言不順」以下一共有五組結構類似的句子，而且內容彼此有承接關係，這樣的做法在修辭上稱為層遞。層遞的修辭要有三個以上的事物層層遞接，而這些事物會依大小、高低、多少、時間先後、輕重緩急等不同程度來排列。由於一層一層推進或遞減，所以運用起來效果特別鮮明，大家都能迅速從中了解要強調的重點。

　　相信大家平日讀文章一定接觸過層遞的句子，如果不是默讀，而是大聲朗誦，那麼，層遞句層次分明的句型與節奏感一定會體現得十分突出。如果要發表演說，或撰寫議論型文字，層遞又有一個額外的優勢，那就是使文章的理路井井有條。由於分析一個事理常常牽涉到許多環節，如果能夠將這些紛亂的內容整理成整齊的句型，同時以一層層遞進的方式分析，將會顯得條理清晰、重點明確。本段就是從「名不正」到「民無所措手足」因果傳遞，環環相扣，表現出清晰的思路，因而有極強的說服力。

　　此外，層遞句也非常適合用於抒情，如李後主千古傳誦的名句：「離恨恰如春草，更行更遠還生。」讀來彷彿可以感受到作者心中不斷滋長的綿綿離愁，這樣的遞進方式更能引人入勝，產生極強的感染力。下次寫作的時候，不妨應用層遞的修辭技巧，相信一定能使文章增色不少！

名，看上去好像沒有孔子說的那麼重要。名字，不就是一個代號嗎？

其實，孔子說的名，並不只是名字，還有名分、名義等等，所以，名也不只是用來稱呼的，它和人們的思想、信念有著密切的關係。

明朝末年，政治混亂，最終李自成攻占了北京，明朝宣告滅亡。然而就在北京的政權剛剛覆滅之後，南京馬上又建立了一個新的朝廷，歷史上以它的年號而稱之為弘光政權，又因地處南方，被稱為南明。組織一個政府可不是一件容易的事，南明能夠輕易地建立起來，只是因為它的首領姓朱，而且和明朝的末代皇帝朱由檢一樣，都是萬曆皇帝的孫子。雖說明朝政府被消滅了，但朱家做了兩百多年的皇帝，上至王公將相，下至平民百姓，人們還是認為天下姓朱，不姓李，更不姓愛新覺羅。所以，朱家人出來建立政權，不愁沒人幫忙，這就是「名」的力量。

當然，光有「名」而沒有實力，要長久生存下去也很困難。南明政權顯然不是滿清八旗軍的對手，總共只存在了一年。然而，這個短命王朝卻擁有一流的忠臣，著名的史可法就是其一。史可法的事蹟，在著名的散文《梅花嶺記》有描述，許多故事和文獻也都有記錄，簡單地說，他是一個鎮守揚州堅決抗清的英雄，最終被俘，不屈被殺。能有忠臣殉國，這也是「名」的力量。

奇怪的是，到了乾隆皇帝的時候，竟然下令在揚州重修史可法的祠堂，乾隆親自題匾「褒揚忠魂」，並稱史可法為一代完人。乾隆皇帝難道忘了這個史可法曾經是他祖先的死對頭嗎？當然不是。雖然滿清是外族，但清朝的皇帝讀儒家經典可比很多讀書人用功多了，他們知道「名」對統治天下如何重要，也知道如何來運用它——若只因為曾經是自己的對頭就不加宣揚，從而否定了忠義的道德標準，這樣豈不是太傻了！

其實這就是告訴我們「不在其位，不謀其政」，若不該你做而你做了，我們就會說是「名不正言不順」喔。

怎麼辦！聽完老師的故事我還是不太懂「名不正言不順」的意思！

君子不以言舉人，不以人廢言

論語時代劇場

　　孔子是一個偉大的人物，但偉大不等於十全十美。孔子也是人，他有自己的悲喜，也有犯錯的時候，只是他錯了之後會及時而周到地反省。

　　「唉！看來我又搞錯了！」孔子自言自語。

　　其實，以孔子當時的身分和名望，他接觸的人真不算多，能和孔子有深度交往的，除了幾個要好的朋友，基本上都是他的學生。

　　先是那個叫宰我的學生，天生一副好口才，給孔子一個絕佳的第一印象。時間久了，孔子才發現一個幾乎人人都知道的道理：淹死的往往都是擅

長游泳的。正因為宰我的口才好，說得多，然而言多必失，宰我常因口出狂言犯下不少錯誤，把孔子鬧得哭笑不得。宰我出了幾次錯之後，孔子曾經告誡自己：千萬不能只憑言語來判斷人。

唉，視人不清啊！當初不應該在這兩個中選宰我的！

現在又出現一個澹台滅明，這人當初來拜師的時候，孔子差點不收，理由只有一個，他長得太猥瑣了。孔子倒不是只喜歡美男子，可是這個澹台滅明……

後來，澹台滅明去了南方，宣揚儒家學說，產生了很大影響，而關於他個人品行端正、修養深厚的讚美也傳布四方，於是，孔子又開始反思了：「看來，識人真的不簡單。僅憑語言會出錯，僅憑外貌也會出錯。」

孔子對弟子們說：「君子對自己某一方面的缺陷心懷戒懼，小人卻因為自己的不足而不信任做得比較好的人。我對宰我和澹台滅明都曾經有過不準確的判斷，在識人的問題上，我能給你們的教訓比指導更多啊！」

子曰：「君子不以言舉人，不以人廢言。」

孔子說：「君子不憑一個人的言論而提拔他，也不因為一個人的品行有缺憾而摒棄他所有的言論。」

人，很少有完美的，難免會有瑕疵。因此，在選用人才時，常常會遇到取捨問題。孔子提出了人與其言論之間的關係，在這個問題上，孔子的話幾乎可以說是一個公認的定論。其他與之相似的論斷雖然不僅停留在言論這一點上，但人才不能求全的意思是一致的。比如晉朝的葛洪在他的著作《抱朴子》中所說：

「用得其長則才無或棄，偏詰其短則觸物無可。」

意思是說，用人能發揮其長處，那幾乎人人都有可取；而如果只盯著其不足，那差不多就沒有可用的人了。與孔子的話相比，這話偏重於說如何用人，也不侷限於人的品質、能力與其言語的關係，只是強調了用人是否得宜比人才自身的優劣更為重要。

❶《抱朴子》是東晉學者葛洪的著作，內容分為內外兩篇，外篇主要著重於對時事的評論，內篇則言神仙思想、道教理法與方術、養生，是今日研究道教史的重要資料。

❷詰，音ㄐㄧㄝˊ，追究、責備。

「以」也是個常見的虛字，比起「者」、「也」要麻煩一些。

先說這裡的「以」，我們用來表示原因，等於現在說的「因為」。平時說話，「所以」一詞不知用過多少次，大概因為太熟悉了，很少有人會把它拆解開來，其實，所以如何如何就等於「所因為的是」如何如何。這個意思有時候也可以作名詞用，表示原因、緣故。

更常見的用法是當作介詞。比如說「他用錢作誘餌套取機密」，這裡的「用」就是一個介詞，如果換作「拿」或「把」也可以，但在文言文中這三個字都不用，只用「以」。

還有作動詞用的：「認為」一詞也可以寫作「以為」，那就是因為文言文中「以」本來就有一種用法表示「認為」。

作連接詞用，相當於「和」或「並且」。一般文言文中通常使用「而」來表示，不過要寫對聯或者作駢文，上下兩句相同的位置不宜出現重複字，一句用了「而」，另一句就常常用「以」，二者完全相等。此外，古書上常會出現「以」、「已」不分的情況，這兩個字有時也可以互通。

在專業的字典上，細分「以」字用法常多達數十種，但如果能記住上述一些用法，閱讀一般的文言文就已經很夠用了。若有特例，再依額外的注釋去解決就好了。

孔夫子Mail box

寄件者：阿賢

收件者：xxxx@魯國.com

主旨：為何請朋友教我數學，朋友會突然變得很凶？

親愛的老師：

　　最近數學課的內容我學得十分費力，所以我找朋友小甲為我講解，他的數學成績是班上數一數二的，平時和我關係也非常好。可是試了幾次之後，我發現事情並不像我想得那麼簡單，小甲教我數學時就像完全變了一個人，很凶，總是罵我，而他講的我又聽不太懂。奇怪的是，只要不講數學的時候，我們還是好朋友。這到底是怎麼回事呢？　　.

　　　　　　　　　　　　　　　　　　　　　　學生　阿賢　敬上

收件者：阿賢

主旨：Re：為何請朋友教我數學，朋友會突然變得很凶？

　　具體的原因老師也猜不出來。但是，依老師對小甲的瞭解，他應該不會故意在教你數學的時候為難你，那麼最大的可能就是——儘管他自己數學學得很好，卻不太懂怎麼教會別人。

　　事情很簡單，你應該先向任課的林老師求助，不要怕去問問題，老師不會因此而笑你的。林老師的教學經驗十分豐富，相信她一定能準確地找到你的問題所在，為你解惑。至於小甲的問題，老師另外給你一個建議：你找他求助有你自己的考量，但事實證明行不通，這正如我們剛學過的《論語》中所說「不以言舉人」，要判斷現實中

一個人能否做好一件事，不能光憑他的言談。像你現在僅憑學習成績就認為小甲一定能幫上忙，也算是考慮不周，他的性格、語言表達能力等等你都沒有考慮到。

好比北宋的慶曆年間，有一個著名的大學者叫石介，個人品德和學問都是一流的，好多大臣都推舉他出來做諫官，只有一個人反對：「石介學問好、文章好，品行端正，這都是有目共睹的。但這個人比較偏激，他要是做了諫官，難免會提出許多很難辦的事讓皇帝做，要是不答應他會叩頭流血、強爭死諫。當今聖上雖說年輕，但終究沒有大的過失，朝廷政事也還算在軌道上。那麼，要石介這樣的諫官做什麼呢？」此話一出，大家都很佩服，最終放棄了推舉石介的想法。而這個獨立提出反對意見的，就是著名的政治家范仲淹。國家的用人很重要，而我們一般人求助、合作也是常事，這都需要全面準確地分析對方，否則找不對人，有時也可能因此把事情做得更糟。

★★★★★★★★★★★★★★★★★★★★★

孔夫子

魯國論語學院專任教師

無名市儒家區教育路1號

電話：（00）1234-5678

mobile: 0900-123456

mail: xxxx@魯國.com

★★★★★★★★★★★★★★★★★★★★★

04.
結交朋友
的法則

德不孤，
必有鄰

—— 里仁第四 · 二十五

論語時代劇場

　　曾參是孔子弟子中非常出色的一個，孔子去世後，他繼承了孔子未竟的教育事業，給師弟和學生們傳授孔子博大精深的思想，大家也因此尊稱他為曾子。

　　一次，曾子和大家談論人生修養的問題時說：「有修養的君子能嚴格要求自己的言行，所以總會處在一個常態；君子又有一顆善良仁慈的心，所以絕不會孤獨，也就是孔子說的『德不孤，必有鄰』」。

　　「相信大家都希望自己『有德』、『有鄰』，但事實上，大多數人都處於不斷提高自身修養的過程中。也就是說，一個人的德行沒有固定標準，達到了就可以停下腳步。提高個人的修養應該是

沒有休息的日子，不斷精益求精，以超越過去的自己為目標才是。

　　對別人，我們常常要求很高，看到他某方面做得好，就希望他樣樣好，一旦發現他還有不足就不滿意了。別人有優秀的品德就值得效仿、學習了，我們為什麼還想要求他處處完美呢？這樣實在是太苛刻了，只能說明我們自己的『德行』也有所欠缺，才會對他人吹毛求疵，雞蛋裡挑骨頭。這種態度也只能使我們自己找不到『鄰』──沒有志同道合的朋友陪伴。」

　　學生們記下了曾子的話，在讀《論語》的時候常拿來一起思考。

子曰：「德不孤，必有鄰。」

孔子說：「有道德的人不會孤獨，一定會有志趣相投的人來和他作伴。」

 ❶德，有道德、品行高尚的人。

　　如果說孔子這話是從理論上肯定有德者終能為人們接受，那麼漢朝的大將李廣就可以視為實踐這一理論的範例。李廣是漢初著名的將軍，不僅**驍**勇善戰，而且智謀過人，又善於治軍。然而他在當時卻很奇怪地沒有得到與戰功相應的封賞，最後還自殺身亡，度過了一個燦爛而又失意的人生。

　　李廣為人品行高尚，雖然戰功顯赫，卻從不爭名奪利。《史記》給他這樣一句評語：

「桃李不言，下自成蹊。」

　　品行高尚的人就像路邊的桃樹和李樹，春華秋實，默默奉獻，從不張揚。它孤獨嗎？不！大家其實都知道這一切，只要看那樹下被來來往往的人們踩出的小路就清楚了。

 ❶驍，音ㄒㄧㄠ，勇猛的意思。
❷蹊，音ㄒㄧ，小路。

孔子這話中的「德不孤」本是《周易》裡的話，孔子又追加了三個字，用來強調。從文意上說，孔子是在鼓勵我們，讓我們增強對提高個人品行、道德修養的信心。

從詞語運用來看，這是一種典型的強調。「不孤」和「有鄰」正好是相同的意思，這種技法可以用於造詞、造句乃至文章段落的構築，藉由意義或形式的重複來使讀者加深印象。最簡單的體現於詞語結構，諸如：善良、光明、烏黑、炎熱等。

擴展為句子的，如：近水樓臺先得月，向陽花木易逢春；生意興隆通四海，財源茂盛達三江。這種形式上完美對應的修辭又稱為對仗，古詩文中我們經常會遇到，它的特點是前後兩句字數相等，詞性相同，平仄相對。除了兩句彼此對應外，也有一種叫句中對，如春去秋來、燈紅酒綠，在一句裡詞與詞彼此相對。

此外，還有字面形式上屬於對仗，而在意義上前後連貫或更進一層的，這樣的對仗我們稱之為流水對，取其如行雲流水般一氣呵成，難以分割的特性。如：人無遠慮，必有近憂；路遙知馬力，日久見人心。平時因為習見，人們常常不去關注其遣詞造句的方法，如果能稍加留心，寫作時在這類地方特別多加修飾，會使文章看來更為優美。

---

❶ 仄，音ㄗㄜˋ。平仄是古代的格律，平聲相當於今天國語的一、二聲，而仄聲相當於三、四聲。

孔夫子Mail box

寄件者：???@yahoo.com.tw
收件者：xxxx@魯國.com
主旨：覺得好寂寞……

老師，您好：

　　我常常覺得自己非常孤獨，不知道自己怎樣才能像別人一樣有更多的朋友。我唯一的好朋友是您的學生，他向我推薦了您。您可以幫助我嗎？

收件者：???@yahoo.com.tw
主旨：Re：覺得好寂寞……

小傢伙：

　　你好！網路帶給我們許多方便，卻也有不少麻煩。你看，我可以輕輕鬆鬆地收到你的來信，卻搞不清楚應該怎麼稱呼你。同時，你也沒有很清楚地說明你到底遇到了怎樣的麻煩，我只好猜一下了。

　　既然你願意主動和別人探討這個問題的解決辦法，那我相信你一定不是一個性格孤僻的人。這樣，問題一定出在你平時和人交往的時候。

　　我想，你一定很熟悉屈原的故事。屈原是一個很了不起的愛國者，他的一生卻很不幸，遇到了許多詆毀他的小人，最後連君主也不信任他了。但屈原沒有放棄自己的操守，他堅信「整個世界都是渾濁的，而唯獨我是清白的；眾人都是沈醉的，而唯獨我是清醒的，所以我被放逐了」。

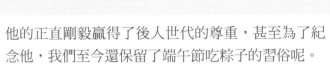

他的正直剛毅贏得了後人世代的尊重，甚至為了紀念他，我們至今還保留了端午節吃粽子的習俗呢。

那麼，屈原孤獨嗎？正像孔子說的：「品行高尚的人，一定不會孤獨！」

你短短的來信讓我覺得，你不會是一個品行很差的孩子，但可能會存在一些小問題，這就要靠你自己細細反省了——想想看，和別人交往時會不會有時候讓人覺得你有點冷漠、有點自私或有點暴力？儘管只有一點點，或只是別人不完全正確的感受，就足以使你傷腦筋了。如果你真能將自己的言行細細反省，把可能存在的問題一一糾正，那最終你一定能自信地說：「德不孤，必有鄰！」

試試看，這可能需要比較多的時間和耐心，預祝你獲得成功！

★★★★★★★★★★★★★★★★★★★★★

孔夫子

魯國論語學院專任教師

無名市儒家區教育路1號

電話：（OO）1234-5678

mobile: 0900-123456

mail: xxxx@魯國.com

★★★★★★★★★★★★★★★★★★★★★

四海之內，
皆兄弟也

——顏淵第十二·五

論語時代劇場

　　每個人都有自己的性格，每個人又都有自己的經歷，這千千萬萬不同的因子堆在一起，就成了一個個互不相同的人。

　　司馬牛是個剛強的人，堅定、好辯，有時候顯得有些急躁。他是孔子忠實的門徒，嫉惡如仇，愛憎分明。

　　老天和司馬牛開了個大玩笑，把他的幾個哥哥都安排成了宋國的官，其中最顯赫的是桓魋，宋景公的寵臣、宋國的陸軍司令。這還只是玩笑的引子，如果司馬牛能借著哥哥的身分沾些光，甚至彼此相安無事都好，偏偏事實是孔子和門徒們路過宋國的時候，差點被桓魋派人害了性命。當然，桓魋和孔子有過節，其中有它的前因後果，司馬牛對這事雖然不高興，但既已

事過境遷，也還勉強可以忍耐。沒想到老天並沒有就此罷休，桓魋居然闖了大禍，要謀害自己的主子宋景公，事情敗露，兄弟幾個通通叛逃出國了。

雖說事情本身和司馬牛沒有什麼牽連，但自己的哥哥成了被人唾罵的亂臣賊子，這比任何打擊都大，司馬牛兩眼發呆地說：「為什麼別人都有兄弟，我沒有啊！」

孔子沒辦法說什麼，師兄弟們也只能說幾句沒用的寬慰話：「別在意了，只要我們能修好自身的品德，四海之內皆兄弟！」

司馬牛在巨大的心理陰影下怒吼：「哈哈！四海之內皆兄弟，說得輕鬆！」

夫子名言解析

司馬牛憂曰：「人皆有兄弟，我獨亡！」

司馬牛憂傷地說：「別人都有兄弟，唯獨我沒有。」

子夏曰：「商聞之矣：『死生有命，富貴在天』。

子夏說：「我聽說，死生自有命運，富貴全憑天數。

君子敬而無失，與人恭而有禮；四海之內，皆兄弟也。君子何患乎無兄弟也？」

君子只要做到誠敬而沒有過失，待人謙恭有禮，那四海之內就都是兄弟。作為君子，何必擔憂沒有兄弟呢！」

❶ 亡同「無」，故在此要唸ㄨˊ，沒有。

子夏勸慰司馬牛可能並不成功，但他的話本身卻不無道理。
《周易》中的名言：

> 「同聲相應，同氣相求，水流濕，火就燥，雲從龍，風從虎，聖人作而萬物睹。本乎天者親上，本乎地者親下，則各從其類也。」

也是從自然萬物推出相同的道理：「物以類聚，人以群分。」本質接近的聲音、氣類都會互相呼應、互相吸引，水往濕處流，火向乾處燒，龍行有雲，虎動生風，聖人出現就能充分展現萬物的情懷。以天為本的事物總有向上的趨勢，以地為本的事物總有向下的趨勢，都是各自依從它的類屬。

有道德操守的君子自然能和氣質相近、理想相同的人們互相引為知己，不愁沒有同道之人。只不過司馬牛的癥結在於親生哥哥犯上作亂，兄弟之情因此有所損傷，子夏用比喻意義上的兄弟來寬慰他，難以切合司馬牛的處境，效果不佳也在情理之中。

　　古人表示很大、很模糊的地理概念時常常喜歡用數字，然後他們根據自己的視野首先畫了一個圈。四海，在這裡就是天下、世界的意思，事實上就是古人見聞所及的那個圈。他們沒有地球的概念，更沒有衛星全面提供地面信息，所以很自然地以為自己居住在大地的中央，到了極遙遠的四周就是無盡的大海。四海，就是「四海之內」的省稱，但四海究竟是哪四海就不得而知了。與此類似，還有八荒一詞，也表示極遙遠、廣大的地域。

　　如果要表示比四海、八荒更大的範圍，那要用六合一詞。所謂的六合，其實就是東南西北外加上和下，具體所指仍然是很空泛的，不過，和四海、八荒的區別已經很清楚了：前者是平面的延伸，後者是立體概念了。

　　要比四海、八荒略小一點，具體的方位就相對清晰得多了。例如九州，據說是大禹治水的時候劃分出的九個區域，大概範圍至今仍可指出。

　　再具體一些，還有三江、五湖等名稱，在地圖上一一指出它們的所在就更容易了。

　　不過，無論地理概念還是其他方面的詞語，古人用數字統稱這些事物常常不具有很明確的定義，除了三國、五岳等少數沒有異議的，大多有不同的解釋，或者本來就是一個含糊的說法。

學習心得筆記

　　四海之內皆兄弟是出於安慰的目的而說的一句話，實際上有點難實現。但敬而無失、恭而有禮卻是非常有用的做人準則，歷來有無數事實證明它能給人帶來好處，免除災禍。

　　五代末期，後周和吳越兩國的外交關係一度很僵，周世宗多方訪求，找到了一個名叫曹彬的官員，他政績出色卻謙恭有禮，是最合適的外交使者。

　　起初，曹彬接到任命之後一再推讓，周世宗越發堅信自己的判斷，將他派去吳越。而曹彬果然不辱使命，他一反以往後周使者高傲自大的作風，贏得了吳越君臣的一致尊重，不僅順利完成任務，而且臨別之際吳越的達官貴人們紛紛以個人名義送了他許多禮物。曹彬都一一謝絕。

大人就像我們的兄弟一樣，請務必收下我們的心意！」

嘿嘿～不敢當，不敢當！

聽老師講故事還可以這樣，看起來真詭異……

等曹彬乘船回國，吳越國人竟派快艇追上他的船，不由分說將各家的禮物統統搬到船上。曹彬只好感謝他們的好意，將禮物帶回國，並全部上繳國庫。

後來，曹彬成了宋太祖趙匡胤手下的大將，奉命攻打南唐，趙匡胤許諾：完成任務之後讓他做宰相。任務順利完成，但趙匡胤的宰相已經另有人選，見到得勝回師的曹彬，太祖感到有些尷尬。

可曹彬好像根本不記得趙匡胤有什麼許諾，對宰相一事隻字不提。太祖心中感激，就賞了他二十萬錢。曹彬謝恩領賞，並說：「順利攻取南唐，是將士們的功勞，不是我一個人的。」於是，他又把二十萬錢全部分給了下屬。

後人評價說：「保功名，守法度，宋初良將，實以彬為第一。」

真不知剛剛的故事他到底聽進去多少？

下課了啦！你沒聽老師說那外交官都把東西分給別人了嗎？

呵呵～嘿嘿～財寶！官位！

君子
以文會友

論語時代劇場

　　曾參是孔子弟子中年齡小、成就高的一個，據說後世儒家的經典《大學》和《孝經》都是源自他的發揮。

　　曾參十六歲投入孔子門下，孔子去世時他還不滿三十歲，然而他對孔子學說的領悟達到了很深的程度，所以，孔子身後儒家學派的發揚光大和他有著莫大的關係，包括孔子的孫子子思都是受教於曾參，而曾參也被後人尊稱為曾子。

　　當曾參自己帶著學生講學傳道的時候，他總是特別懷念過去，懷念孔子領著大家一起切磋討論的光景。那時，弟子們求學的熱忱和夫子親切睿智的開導融合成一幅幅無比曼妙的畫卷，令人懷想。

　　師兄弟們一起學習，各有擅場。曾參還記得和子貢在傍晚一起

談《詩》，聽子夏滔滔不絕地談他學《易》的想法，都是一種享受；至於華光內斂的顏回、勇於實踐的子路，更是令人打從心底敬佩……

許多次，曾參會不由自主地對學生們說：「你們之所以讀書，不只是進德修業，最重要的責任還有向老百姓宣揚仁德。這條路雖然辛苦，但並不孤獨，在你們學習的路上總能有許多朋友能夠輔助你們培養仁德，就像當年我在老師門下學習一樣……你們可要好好珍惜現在的求學時光啊！」

每當此時，學生們便知道，曾子又在對當年的求學氛圍神往不已了——那是他們聽說過無數次，卻又無法親身經歷的一種美好體驗。

夫子名言解析

曾子曰：「君子以文會友，以友輔仁。」

曾子說：「君子用文章會聚、結交朋友，用朋友輔助仁德。」

名句充電時間

　　人們交朋友，重要的基礎是共同的志趣和愛好。不同的理想，能招來不同的朋友，即所謂的物以類聚、人以群分。有共同志趣和愛好的朋友在一起就可以互相啟發、探討，共同致力於事業。志趣高雅的君子，他們的共同點當然就是學問，而學問一事又特別需要長期在一起互相商討**砥礪**，精益求精。《詩經·衛風·淇<u>澳</u>》把這樣的過程做了形象化的描述：

「有<u>匪</u>君子，如切如磋，如琢如磨。」

　　有美德的君子，像象牙經過切磋，像美玉經過琢磨。孔子和子貢在討論處世之道的時候，子貢曾引用這幾句詩加以印證，為此，孔子稱讚他能夠舉一反三，對詩意有自己的理解，已經能夠和他深入探討《詩》中的旨趣了。

注解

❶ 砥礪，唸做ㄉㄧˇ　ㄌㄧˋ，原指磨刀石，引申為磨練。

❷ 澳，指岸邊水流彎曲處。要注意「澳」這時應唸作ㄩˋ喔！

❸ 匪指有文采的樣子，通「斐」。

　　自從《論語》中有了「以文會友」之說，之後就生出了許多類似的說法：練武的說以武會友，跳舞的說以舞會友，做生意的說以商會友，音樂家說以琴會友，集郵家說以郵會友……究其本質，都是把孔子這話的外形模仿下來，置換成自己需要的內容進去。

　　後來，人們將這種做法也歸為一種修辭手法，稱之為「仿擬」。一般來說，<u>仿擬所仿的對象都是大家耳熟能詳的句子，根據自己的需要稍加修改，有時可以借助人們對原句的熟悉而輕鬆表意，有時也可達到幽默搞笑的效果。</u>

　　宋人**劉攽**生性幽默，愛拿人開玩笑。晚年，他患了惡疾，鼻骨塌陷。一次，蘇東坡和他一起喝酒，跟他也開了一個玩笑，用漢高祖劉邦著名的《大風歌》作了一個仿擬：「大風起兮雲飛揚，安得猛士兮守鼻梁！」

　　不過，仿擬是一種技術要求比較高的修辭手法，用得不好很容易流於濫俗，從文言文的經典小品到當代的流行歌曲都有不少人運用仿擬，但其中的佳作實在不多。

❶ 劉攽，字貢父，北宋的史學家，也是史書《資治通鑑》的副主編之一。攽，音ㄅㄢ。

中國歷代的讀書人通常是既要寫文章也要做官，不像西方政治家與文學家幾乎沒有交集。因此，所謂以文會友、以友輔仁在中國有特別的意義。

音ㄍㄨㄥˇ

歐陽修和王安石是北宋時期兩代著名的大政治家。王安石中進士後在揚州任職，曾經請朋友曾鞏帶了自己的幾篇文章請歐陽修指點。當時的歐陽修已經是龍圖閣大學士，也是文壇泰斗，但他對這個素不相識的晚輩十分欣賞，極力向人推薦，又託曾鞏關照王安石寫文章要進一步打開思路，並且不要硬造詞語。

過了十年，王安石調任進京，兩人才得以初次見面。歐陽修專門寫了一首七律，謙虛地表示自己年老體衰，很難再寫出高水準的作品，希望王安石能夠有所成就。王安石回應了一首《奉酬永叔見贈》詩感謝歐陽修的鼓勵，表示一定不負所託。

後來，王安石出任宰相，推行新法，歐陽修並沒有因為多年的交情而隨聲附和，反而根據自己的判斷做了堅決的反對派，兩次上書皇帝表示了對青苗法的不同意見。而政見不同也沒有影響王安石對歐陽修的尊敬，歐陽修去世後他也親自撰寫祭文，表達了對這位亦師亦友的長輩的沈痛哀悼之情。

這個字唸ㄉㄠˋ，小心別唸錯啦！

在今天，或許政治、文字和個人品德三者的關係不再像古代那樣緊密，但因文字而確立的友情依然是珍貴而真實的，能有這樣的機緣稱得上是一筆可觀的人生財富。

結交朋友的法則

道不同，不相為謀

——衛靈公第十五‧三十九

思索宇宙、人世是很繁瑣的一件事，孔子能被認為是大思想家，不在於他比別人想得多、說得多，而在於他的思考有條理、有系統，不會動不動自相矛盾。

那是一個非常活躍的時代，有很多像孔子一樣的人在思考、在發表言論。孔子不是封閉的，學生們也不是封閉的，他們每天都可能聽到不同的聲音。

有時討論一個議題，孔子的想法並不一定能得到學生們的認同，於是他們會用一些各處聽來的新觀點來提出質疑：

「老師，為什麼我們不能探究鬼神的問

題？百姓能有鬼神信仰，像殷商人那樣，有什麼不好嗎？」

「鬼神……太遠了，人身邊就有很多事要做的。」

「老師，周禮中那麼繁瑣的喪葬制度真的很有必要嗎？父母去世，百姓要花費巨大的精力和金錢，為什麼不能節儉一些呢？」

「喪葬儀式不僅是儀式，更是用來表達親情的，連基本的親情都沒有，家庭如何和睦？家庭不和睦，國家、天下怎麼能安定？」

面對學生的質疑，孔子反而感到欣慰：「平時你們常會對我的觀點提出疑問，這是值得鼓勵的。只是要注意，我們難免會遇到想法和自己不同的人，這時可不要批評別人，認為和自己意見不同就一定是錯的。希望你們不要無條件排斥外來的各種聲音，而能自己去思考、取捨，面對意見相反或批評的情形時，不必爭辯，只要能尊重別人的意見，但保持自我的獨立就夠了，這就是我常說的『道不同，不相為謀』的道理啊！」

子曰：「道不同，不相為謀。」

孔子說：「理念不同，不互相商議。」

❶ 道是一個意義很寬泛的詞，前人也有各種譯法，有作「主張」的，有作「見解」的，或依當代用詞習慣譯為「理念」。事實上三種解釋都說得通，沒有對錯之分。

　　人各不同，這在生活中是再常見不過的事。飲食的口味、喜好的娛樂、擅長的技藝，這些都是因人而異的。

　　一般說來，人們不太在意這些差異，不會強人所難。一旦關乎價值觀、是非的抉擇，爭議卻在所難免。不同的傾向會被認為有高下之分，甚至以君子小人、正義邪惡來畫分。然而，在思想較開明的人看來並非如此。《莊子·徐無鬼》中有這樣一句話：

「天下非有公是也，而各是其所是。」

　　天底下本來就不會只有一個不變的、正確的標準，不同的人取不同的目標，自然沒有優劣可言，只是他們不能互相商議、共同合作罷了。與其費力去否定他人，不如默默履行自己的信念。

「道不同，不相為謀」今日多用於合作、交友不成功的情況下。意思相近的還有一些俗語，更加形象化、口語化，比如：「你走你的陽關道，我過我的獨木橋」、「井水不犯河水」，或「大路朝天，各走一邊」。這都只是表示無法合作，但希望彼此互相不要干擾對方。

如果雙方的矛盾太大，以至於成了仇人，那就要說「誓不兩立」、「勢同水火」，或用大家都熟悉的三國典故：「漢賊不兩立」。

在多數情形下，我們總希望自己能多一些朋友，少一些敵人，所以又有俗話說：「冤家宜解不宜結」，實在不是同道之人，沒辦法做朋友，最起碼不要成為仇人。

在戰場上，有時候為了打敗敵人，會特意想辦法讓敵方的主要將領之間產生隔閡甚至反目成仇，這種策略被稱為「反間之計」。可見，無端和人發生衝突，是敵人最高興的事，我們當然要儘量避免。其中最重要的一點就是，對朋友和夥伴，只要大原則、大方向沒有衝突就行，小事情上千萬不要過於計較，這又可以用一句話來表示：「水至清則無魚」——是非分明是必要的，但太過分、太苛刻容易沒有朋友，正如水太乾淨了，魚都活不成。

這些都是人們千百年來總結出的精練話語，我們既可用於平時的寫作，也可當作思考生活與人生的素材。

孔夫子 Mail box

寄件者：家璇

收件者：xxxx@魯國.com

主旨：朋友變了，是不是該絕交？

敬愛的老師：

　　我和文琪是因為共同的愛好成為朋友的。我們一起在數學資優班學習，平日不僅保持好成績，我們還雙雙在地區數學競賽拿到大獎，我們都夢想成為數學家並互相鼓勵、不斷奮鬥。可是最近，我發現她變了，她說不想成為數學家，而準備像她父親一樣成為一個商人。我很失望，覺得她失去理想，我是不是應該和她絕交呢？

學生　家璇　敬上

收件者：家璇

主旨：Re：朋友變了，是不是該絕交？

　　既然說到絕交，先聽老師說一個故事吧。嵇康是晉朝的文人，也是**竹林七賢**之一。他是曹魏宗室的女婿，學問淵博，性格剛直，與意圖除去曹魏取而代之的司馬一族素來不合。山濤曾經是他的好友，後來卻投靠司馬氏，還想推薦嵇康為官。聽到這個消息，嵇康不悅地回信拒絕了山濤的引薦，指出人各有所好，自己個性疏懶，不喜歡禮法約束，不可加以勉強。

　　在信中，嵇康特別對山濤聲明：「人與人之間能成為好朋友，重要的是要瞭解彼此的天性，然後成全他，這一點您應該明白才是。一個人不能因為自己喜愛華麗的帽子，而勉強他人也要去戴它；自己喜好發臭的食物，就拿死老鼠來餵鳥。我近

來正在學習養生的方法，疏遠榮華，摒棄美味，追求『無為』的最高境界，對您所愛好的那些東西毫無興趣，還請您不要逼我違背本性。」

這封信就是著名的《與山巨源絕交書》，嵇康與山濤絕交是源自他剛烈的性格和不與司馬氏政權合作的態度，與他的處世原則和操守有關。你和文琪的事則沒有這麼嚴重，即使她真的不再願意研究數學，你只能覺得遺憾，——畢竟「道不同，不相為謀」，或許你們不能再像以前那樣共同研究數學問題了。然而，若僅僅就為了這點而絕交，實在是太誇張了，這畢竟與處事原則無關呀！希望你能好好想想，別因此失去了寶貴的友誼。

P. S. 竹林七賢指晉朝的嵇（ㄐㄧ）康、阮（ㄖㄨㄢˇ）籍、山濤、向秀、劉伶、阮咸、王戎等人。他們崇尚老莊，輕視禮法，常聚在竹林裡喝酒、議論時事，所以被稱為竹林七賢。

★★★★★★★★★★★★★★★★★★★★

孔夫子

魯國論語學院專任教師

無名市儒家區教育路1號

電話：（○○）1234-5678

mobile: 0900-123456

mail: xxxx@魯國.com

★★★★★★★★★★★★★★★★★★★★

益者三友，
損者三友

—— 季氏第十六·四

論語時代劇場

　　曾參盡心研究孝道，每當在孔子那裡聽到各種教導，他不會一味死記，而是一定要自己分析，想通了才接受。

　　孔子曾說：「侍奉父母，對他們的過失不要到處宣揚，而要和顏悅色地加以勸諫，如果父母不依從，那也要保持恭敬。」

　　想了兩天，曾參還是覺得有點不對勁，於是他主動來問孔子：「老師，您的意思是不是說，做兒子的應該對父親唯命是從？」

　　「不是！不是！你誤會了！」孔子感覺到曾參的理解有偏差，急忙打斷。

　　稍停了停，孔子接著說：「曾參啊，你看天子、諸

侯也都不是完美的人，有些甚至很平庸，但他們仍能保住自己的位子，正是因為手下有一批能堅持正確觀點的臣子輔佐。一個家庭、一個人不也是這樣嗎？正如我們交朋友，總希望能結交指出自己不足的朋友，如果他的見識不足以發現我的缺陷，他不願坦誠地指出我的不足，甚至為了朋友關係刻意阿諛討好，那都不算有益的朋友。父子之間也是一樣的道理，如果父母犯了錯，兒子當然有義務勸告，坐視父母犯錯，等於陷親人於不義，那才是大不孝呢！」

曾參點點頭。

孔子繼續說：「君臣、父子、朋友，關係不同，道理卻一樣，對方有不足，首先不能隱瞞，但沒有技巧的勸告也不合適，這就要因事制宜了。」

曾參恍然大悟，終於把糾纏在一起的頭緒理清楚了。

夫子名言解析

孔子曰：「益者三友，損者三友；

孔子說：「有益的朋友有三種，有害的朋友也有三種。

友直，友諒，友多聞，益矣；

和正直的、誠實的、見識廣博的人交朋友，有益；

友便辟，友善柔，友便佞，損矣。」

和諂媚逢迎、阿諛奉承、巧言善辯的人交朋友，有害。」

❶ 諒，誠信、誠實。
❷ 便辟，音ㄆㄧㄢˊ ㄆㄧˋ，諂媚逢迎。
❸ 善柔，阿（ㄜ）諛奉承。
❹ 便佞，音ㄆㄧㄢˊ ㄋㄧㄥˋ巧言善辯。

名句充電時間

人們對友情、友誼的想法多半大同小異，每個人都希望自己身邊有可貴的友情，但總免不了會有似是而非的。西方的諺語就有：

I cannot be your friend and your flatterer too.（朋友不能阿諛奉承。）

現實中確實有許多這樣的關係：不是朋友，但有著頻繁的來往，一旦有某些利益關係，還會變得十分親密。你可以認為這不叫朋友，也可以像孔子一樣稱之為損友──有害的朋友。這只是稱呼的不同，但無論如何，每個人都免不了要面對這樣的人，在心中一定要把這種人和真正的朋友區別開，並學會根據不同的實際情況採取相應的對策。

孔子提出的「三友」之說是從交友的原則出發，是
一個比較嚴肅的話題。另外還有稱松、竹、梅為歲寒三
友的，這是一種比擬，用來寄託人們不畏強權、堅守節操
的人生理想。

平時，我們有許多說法來定義各種朋友，光是「某某之
交」，常見的就不下十幾種。有從結交的年齡說的：從小一起玩
的叫**總角**之交，年齡相差大的叫忘年之交，彼此貴賤懸殊的叫**車
笠之交**。

有從結交時的處境說的：一起度過困境的叫患難之交，彼此
性命相托的叫生死之交、刎頸之交。

有從結交的目的說的：圖利的叫市道之交，為道的叫道義之
交，尋求彼此默契理解的叫知音之交。

有從結交的程度說的：淺的叫一面之交、泛泛之交、點頭之
交，深的叫金石之交、莫逆之交。

還有不少有典故的，如**管鮑之交**、**雞黍之交**等。

至於其他表示朋友或朋友關係的成語就更多
了，諸位不妨整理一下，看能想到哪些，各有
什麼異同。

❶ 未成年的孩童習慣將頭髮紮起，形如兩角，故稱「總角」。

❷ 車笠之交出自晉代的《風土記》，原文是：「卿雖乘車我戴笠，後日相逢下車揖；我步行，君乘馬，他日相逢君當下。」指即使雙方貧富懸殊，一乘車、一戴笠，兩人的交情仍然不變。

❸ 管鮑之交指春秋時管仲與鮑叔牙深厚的友誼，現在常以此比喻友情深厚。

❹ 雞黍之交又作「范張雞黍」，典故出自《後漢書·范式傳》。范式與張劭約定於兩年後拜訪張家，到了約定之日，張劭請母親準備雞黍款待。而范式果然守信，沒忘記兩年前的約定，不遠千里而來。這個故事多用來比喻朋友間真誠的信義和深情。

學習心得筆記

　　關於表示友誼的成語，除了以上介紹的十幾個外，你還能想到哪些呢？不妨把它寫下來吧！

故事講座

　　蘇軾是北宋著名的大文豪，他多才多藝，詩詞、文章、書畫無一不精，是難得一見的人才。他的朋友黃庭堅也是一個才子，只不過名氣比蘇軾略小一點罷了。他們兩人一直保持著很好的關係，他們談論學問的故事也多有流傳。

　　有一次，兩人談論書法，蘇軾對黃庭堅說：「你近來的字寫得越來越蒼勁有力，不過有時太過硬瘦，給人一種樹梢掛蛇的感覺了。」

　　對蘇軾的批評，黃庭堅完全能夠接受，兩人都是此道高手，一個簡單的比喻足以點出問題的實質。黃庭堅點頭道：「師兄說的有理！對師兄的字我也有些想法……」

這兩個人真有趣！能這樣彼此消遣卻不生氣的友誼還真可貴！

「哦？那就說嘛！」蘇軾道：「不要吞吞吐吐的，還怕我生氣嗎？」

音くーヌˊ，剛勁有力的意思。

黃庭堅看了看蘇軾，似乎一邊還在想著措辭，一邊緩緩地說：「師兄的字鐵畫銀鉤，骨力遒勁，只是……只是不知為何常常偏扁，總覺得像石頭壓著蝦蟆。」說到這裡，黃庭堅自己忍不住先笑了，蘇軾聽著這個古怪的比喻，再想想自己的字體，不禁也哈哈大笑起來。

書法術語。指有較高藝術水平的書法作品，也用來敬稱他人所寫的書法作品。

兩人流傳至今的法書並不罕見，不論是否精通書法的人，看看他們的墨寶，再想想他們互相的評論，都會覺得十分傳神。兩個好朋友就是這樣經常互相學習、互相督促，所謂「益友」的境界，莫過如此。

真難得你會這麼說！

哪裡～我也很高興和你做朋友。

你該不會是有求於我們吧……

你們就是我的三個益友！

05.
對待他人
的態度

以直報怨，以德報德

—— 憲問第十四 · 三十六

論語時代劇場

　　一天，一個學生十分高興地對孔子說：「老師，我聽來一句十分有道理的話。」

　　孔子點頭道：「說說看，大家一起聽聽。」

　　「龍門水急，是魚的最難；太行山路險，是牛的最難；要做到以德報怨，是人的最難。」

　　孔子微笑著，沒有急於表態。他想看看學生們的理解。

　　這一次和以往不同，平時遇到問題大多是要分兩派的，這一次卻出奇地統一，大家紛紛表示贊同，偶有一兩個或許想唱唱反調，卻也找不出理由，只能默不作聲。於是大家又都把目光落在孔子身上。

孔子這次也和以往不同，直接了當地說：「這話當然沒問題，要做到以德報怨的確是最難的。」

大家都覺得這個話題結束得有點令人不安。

孔子突然問道：「那你們覺得最難的是不是一定就是最合適的呢？」

「啊？」大家都發出了相似的聲音，有的還尷尬地吐舌一笑，因為確實沒往這個方向想。

孔子看了大家的反應，知道大家還不太了解，於是說：「我覺得人做事總要有分寸。能以德報怨，確實是一個寬容的人，足以化解一切冤仇。但，這樣還能用什麼來對待別人的恩德呢？要是我，我會先想到那些待我好的人，這樣，我只能以直報怨了。」

夫子名言解析

或曰：「以德報怨，何如？」子曰：「何以報德？以直報怨，以德報德。」

有人說：「用恩德來回報怨恨，怎麼樣？」孔子說：「要是這樣，用什麼來回報恩德呢？應該用正直來回報怨恨，用恩德來回報恩德。」

注解

❶ 或，代詞，泛稱某人或某物，相當於「有人」、「有的事物」

名句充電時間

孔子的以直報怨是一個很別緻的觀點。說它別緻，是因為考慮周全縝密。在一般人眼裡，所謂報，無非就是報恩和報仇兩椿事。《詩經・大雅・抑》裡的

「投我以桃，報之以李」

後來被壓縮成「投桃報李」，用來說普通的報恩。而《史記・范睢蔡澤列傳》中所謂：「一飯之德必償，**睚眥**之怨必報」指一頓飯的小恩惠也一定要報答，被人瞪了一眼的小怨恨也一定要報復。這成為那些有俠氣的人的人生信條，他們要的是恩怨分明、快意恩仇。

至於「報怨以德」，則是老子提出的一種反其道而行的人生智慧。只有孔子把目光放到更遠更廣，提出了更為理性的以直報怨。

❶ 睚眥，音一ㄞˊ　ㄗˋ，瞪眼看人，借指微小的怨恨。

文言文的疑問句和否定句中經常會出現賓語置於謂語之前的情況，這是一種語言習慣，有人稱之為倒裝句，恐怕不一定貼切。

這種現象只是語序上的一個顛倒，並不影響意義上的理解。「何如」就是「如何」，「何以報德」就是「以何報德」，這些都是疑問句；有一個勸人珍惜時間的成語叫「時不我待」，按現在的用法應是「時不待我」，但在此「我」被提到了「待」前，這就是文言文否定句中賓語置於謂語前的例子。

有時候倒裝的現象會稍微複雜一點，在顛倒詞序的同時還會在特定位置加上一兩個固定的虛詞。常見的有用「之」連接的，比如：何罪之有，相當於「有何罪」；還有用「唯……是」連接的，比如：唯利是圖，相當於「唯圖利」。

這類倒裝雖說並不影響意義的理解，但是在具體的語言環境中這種變化往往能傳達某種語氣，或對某些重點做了強調，要想理解到這個深度，就必須依靠更多的閱讀去慢慢體會了。

❶ 賓語，即受詞，是動作（動詞）的接受者。

❷ 謂語，句子中說明主詞的性質或狀態的描寫語。

樂毅是戰國時候著名的軍事家，他本來是趙國人。後來燕昭王禮賢下士，招攬天下英才，樂毅被昭王誠意所動，於是在燕國任官。

音ㄇㄧㄣˇ

當時齊國非常強大，但齊愍王卻因此驕矜自滿，對內欺壓百姓，對外結怨於諸侯，形勢很不妙。於是燕昭王興兵伐齊，並交由樂毅策畫。樂毅先藉由一系列外交活動，聯結盟友，隨後親率大軍與齊軍決戰，大獲全勝。燕軍乘勝追擊，攻下齊都臨淄，隨後樂毅率燕軍在半年內連下齊國七十餘城。

後來，燕昭王去世，太子即位，是為燕惠王。燕惠王當太子時，就與樂毅有過節，所以當他即位以後，對樂毅十分不信任。齊國大將田單得知這種情況，順勢運用反間計，使燕惠王猜疑，奪去了樂毅的兵權。田單隨即趁機在即墨城用火牛陣大破燕軍，齊國從此反敗為勝，收復失地。而樂毅也早已因為燕惠王的不信任而回了老家趙國，並受到趙惠王的禮遇。

樂毅都已經辭職，燕惠王還寫信找碴，要回這種信真麻煩！

是呀，要不惹火君王，還要聲明自己的清白，這就是這封信最可貴的地方了。

燕惠王對這一切既後悔，又害怕，怕樂毅投靠趙國，反過來進攻燕國，因此燕惠王派人寫信指責樂毅奔趙。於是樂毅寫下了著名的《報燕惠王書》，聲明自己十分感激先王的知遇之恩，並委婉地反駁惠王對自己的種種責難，最後更以伍子胥「善作者不必善成，善始者不必善終」的歷史教訓表明自己的心跡，也向燕惠王保證不會攻打燕國。

　　這才打消了燕惠王對樂毅的偏見，封樂毅之子樂間為昌國君。而樂毅也沒有因個人怨恨而為趙伐燕，終其一生居於趙、燕兩國客卿的位置，協助兩國往來通好。

　　儘管孔子提出以直報怨的說法，但是，歷史上報仇報怨的事大多是血淋淋的，也有不少是帶有炫耀色彩的以德報怨，能像樂毅這樣，稱得上以直報怨的人並不多見。

雖然你平常會處罰我，但我是以直報怨的人，這張卡片祝您教師節快樂。

真不知該高興還是生氣……

成事不說，
遂事不諫，既往不咎

——八佾第三・二十一

論語時代劇場

　　魯哀公是孔子晚年時的最後一個國君，他和孔子及其弟子都有著極深的淵源。

　　作為一個國君，魯哀公恐怕得不到很高的分數，但也並非十分昏庸，只是從當時的情形、從他自身的天賦，他都無力把魯國領導成一個強大的諸侯國罷了。對此，孔子也無法加以改變。

　　讓孔子比較心煩的是，魯哀公很喜歡找他或他的弟子們談心，但他的領悟能力卻不強，常常把別人的意思理解錯、理解偏，讓人哭笑不得。

　　有時候，魯哀公也會鬼使神差地想到一些奇怪而無用的問題。一次，他突然問宰我歷代神主牌位

用什麼木料。

宰我的回答很認真：「夏朝的時候是用松木，商朝時候用柏木，周朝時候就用栗木了。」這幾句都是有根據的，本來就能應付過去了，沒想到宰我大概想賣弄一下，又多嘴了一句：

「用栗木是取『讓人民戰慄』的意思。」

孔子聽說後，敏銳地意識到，這個魯哀公八成又要把答案理解偏了。周人用栗木，取諧音希望「讓人民戰慄」不假，但這個戰慄並不是恐懼、害怕，而是說百姓應該對神靈的牌位有所敬畏，神廟要莊重、嚴肅。魯哀公聽見宰我這麼一說，難免會想到推行苛政之類的錯誤方向。

這樣的差錯，怪誰好呢？孔子想了又想，只好既往不咎了。

夫子名言解析

哀公問社於宰我。

魯哀公問宰我關於土地神牌位的問題。

宰我對曰：「夏后氏以松，殷人以柏，周人以栗，曰：『使民戰栗』。」

宰我回答說：「夏朝人用松木，殷商人用柏木，周朝人用栗木，那是說要讓百姓害怕戰慄的意思。」

子聞之曰：「成事不說，遂事不諫，既往不咎。」

孔子聽說了這番對話，說：「已完成的事就不說了，過去的事就不再挽回了，已經過去了就不責備、追究了。」

❶ 社，本指土地神，這裡指祭祀時為土地神設立的木製牌位。

❷ 栗，通「慄」，兩字都唸做ㄌㄧˋ。戰栗，恐懼發抖的樣子，現多用「戰慄」。

❸ 遂事，已經過去的事。「遂」音ㄙㄨㄟˋ，注意別與追逐的「逐」弄混了！

❹ 諫，音ㄐㄧㄢˋ，挽救、挽回。

❺ 咎，音ㄐㄧㄡˋ，責怪、追究。

名句充電時間

　　孔子說的「成事不說，遂事不諫，既往不咎」三句實際上是差不多的意思，他一再重複只是為了強調罷了。在說宰我這件事的時候，有它自己的特定含義，但後來就變成人們處事的一種原則，意思是不要再去追究過去的錯誤，好好做以後的事就好。

　　很湊巧的是，有個和孔子同時的隱士名叫**接輿**，他對當時的社會現狀十分不滿，所以裝作一副瘋瘋癲癲的樣子。有一次，他在孔子的車前經過，唱了一首歌謠，其中有兩句：

「往者不可諫兮，來者猶可追。」

　　意思是過去的事情已經不能換回了，未來的事情還來得及呀。後來人們認為這話和「既往不咎」的意思也差不多，經常引用。

❶ 接輿，春秋時楚國隱士。姓陸，名通，字接輿。

　　孔子說了三句意思差不多的話，現在我們也可以視作是三個成語，不過它們三個各自都隱含了一個容易讓人犯錯的機關，要分頭來說。

　　成事不說，問題出在「說」。我們今天用這個字多半是說話的「說」，在這裡也是，不過在文言文中的「說」有很多都是「悅」的通假字，《論語》開篇就有「學而時習之，不亦說乎。」和前面提過的「近者說，遠者來」就是如此。所以，讀文言文遇到這個字務必要留意。

　　遂事不諫，問題出在「諫」。我們今天遇到這個字多是歷史故事中說到大臣向皇帝進諫、勸諫，這是「諫」的另一個意思，指用言語或行動勸告別人，使他能改正錯誤。但遂事不諫的「諫」是表示匡正、挽回，和進諫、勸諫有一定的關聯，卻又不完全相同。兩者可不能混為一談。

既往不咎，問題出在「既」。這個成語今天最常用，初學者往往把「咎」記得很牢，卻忽視了「既」，常有人會寫成「即」。這兩個字的混淆不僅出現在這個成語，不少同學連即使、既然這樣的常用詞也會搞錯。其實兩字的意義、用法和讀音都有區別。「即」唸作二聲ㄐㄧˊ，而有「假使」、「就」、「立刻」等意思；「既」則唸作四聲ㄐㄧˋ，常用來表示「已經」的意思，若兩字混淆，意思可就差得遠了。但因為是常用詞，所以即使用錯了別人也不會誤解，於是不少同學就不放在心上了。這是不是可以算作一種不夠嚴謹的表現呢？

學習心得筆記

孔夫子 Mail box

寄件者：小芸

收件者：xxxx@魯國.com

主旨：弟弟沒默契還會越幫越忙，怎麼辦？

親愛的胡老師：

　　兩個人缺乏默契怎麼辦？剛好這個人是我弟弟又怎麼辦？我準備用來做實驗的鉛筆，他莫名其妙替我削好；把裝滿水的水壺給他，他居然不去澆花，反而把水壺洗乾淨還我；就連放假的時候全家玩牌我都不願意和他搭檔——我想騙對手的計謀總是先騙倒他了。雖說都是生活中的小事，可這樣下去，萬一遇到嚴重點的事，我豈不要被他害死啊？我怎麼辦啊！

學生　小芸　敬上

收件者：小芸

主旨：Re：弟弟沒默契還會越幫越忙，怎麼辦？

　　這樣的事聽起來好有意思，不過你的感覺一定很不好。

　　現在看來有兩個麻煩，一來是自己的弟弟，恐怕再沒默契也少不得要長久搭檔；二來是沒默契不等於不配合，他做錯了也不是故意的，你又怪不得他。

　　這樣的問題，老師也想不出什麼立竿見影的解決辦法，默契要靠磨合，磨合需要時間，這道理你再清楚不過了。別灰心，孔子就曾說過：「成事不說，遂事不諫，既往不咎。」我提這幾句話是出於兩方面的考慮：

一是孔子說這話時的境況和你相似，學生無心闖了禍，多加責怪也沒有用。而你也正需要和弟弟慢慢磨合，時間久了，你們也都長大一些，情況自然會好轉。不斷在意過去的事而加以責怪，反而會使這個過程更久。

二是你身為姊姊，也應該包容弟弟一點，即便不說兄友弟恭的大道理，你平時最愛讀歷史故事，應該知道很多名臣良將都曾經犯過錯，甚至一度是敵人，遇到不計前嫌的君主才成就一番大事業。你和弟弟永遠是親人，許多事都需要你們通力合作，你不包容他一些怎麼行呢？

或許，還需要一些時間，但什麼時候你覺得問題解決了，記得告訴老師一聲哦！

★★★★★★★★★★★★★★★★★

孔夫子

魯國論語學院專任教師

無名市儒家區教育路1號

電話：（OO）1234-5678

mobile: 0900-123456

mail: xxxx@魯國.com

★★★★★★★★★★★★★★★★★★

躬自厚，而薄責於人

—— 衛靈公第十五 · 十四

論語時代劇場

孔子教學生的，不僅僅是做人的哲理，但他常常會把哲理巧妙地融入各種教學內容之中。

禮，是孔門中的重要學科，它包含了人們在各種場合下說話、做事的種種細則。禮的基本精神是謙遜退讓，抑己尊人，當然，一切都是有分寸的。

哪裡，哪裡！

感謝大家的蒞臨！

既然是關於說話、做事的細則，那就不適合你說我聽的學習方式。孔子通常會找一個晴朗的日子，跟學生們在大樹下一起演禮——猶

如後人排演戲劇。你做主人，他做賓客；如何說話，如何行禮；誰面朝東，誰面朝西；哪杯酒應該一飲而盡，哪杯酒只舉不喝……一切都有仔細的規範。當然，作為各種禮儀的重要道具，酒在孔子演禮的時候並不是真的準備，關於飲酒的細節只是做個樣子。

一場鄉飲酒禮下來，扮演主人的學生說：「怎麼我『喝』了那麼多的酒啊？」

孔子說：「你是主人啊！這就是『躬自厚，而薄責於人』嘛！」

學生們都笑了，禮的精義和「薄責於人」的哲理就這樣被刻在了心中。

孔子的教學，就是這樣活活潑潑的。

子曰：「躬自厚，而薄責於人，則遠怨矣！」

孔子說：「嚴格要求自己，少對別人加以責備，那樣就能遠離怨恨了。」

❶ 躬自厚，本應是「躬自厚責」，因為下文已有「責」字，所以這裡省略。躬自，就是親自、自己對自己。厚責，就是嚴格要求、多加責備。

在道德品質上，一般人修身講求對自己嚴格要求，對他人則要盡量寬容。然而，要求自己總不容易狠下心來，對待別人卻難免會挑剔，這是人之常情。後來遵從儒學的人們便在這種細微處下功夫，像北宋名臣范純仁說的那樣：

「人雖至愚，責人則明；雖有聰明，恕己則昏。苟能以責人之心責己、恕己之心恕人，不患不至聖賢地位也。」

在孔子的學說裡，薄責於人的寬容、推己及人的醇厚也稱為「恕」，現在這個字單獨使用的少了，衍生為一些意思相近的詞，比如寬恕、饒恕等。

躬字現在大致還在兩個詞語中可以見到，一是鞠躬，二是事必躬親。這個字的本意是身體，而鞠有彎曲或俯伏的意思，所以，**彎腰行禮可以叫鞠躬**，恭敬謹慎也可以叫**鞠躬**，所謂鞠躬盡瘁就是恭敬勤謹，盡心竭力工作的意思，如果當彎腰行禮講就說不通了。

躬既然是身體的意思，那麼親身做事也可以用躬字來表示，如：事必躬親、躬耕。由此可知，所謂躬耕可不是像鞠躬一樣彎著腰耕地哦！

南宋詩人陸游有兩句詩非常有名：「紙上得來終覺淺，絕知此事要躬行。」這裡的「躬」是什麼意思應該不難理解了吧？

至於《論語》中的「躬自厚」是這個用法另外一個有名的出處，但這三個字的確有些難以理解，於是有人猜想應該是省略了一個「責」字。前面我們說過，古書中難免有讀不通的地方，到底什麼地方出了問題已經無法知道了，為了讀通只好用猜的。這個躬字在這裡用「親自」來解釋，相對比較合理，但也有勉強的地方，那就是「躬自」的用法是有的，不過基本都是解釋為親自、親身，一件事親自去做和自己對自己做還是有些不同的。

---

❶ 鞠，音ㄐㄩˊ，在此作動詞，彎曲的意思。

　　北宋時期的著名政治家范仲淹在今天廣為人知多半不是因為他出色的政績和品德，而是著名的《岳陽樓記》。而當時，還有另一個與之並稱的韓琦。相比之下，他的名氣就小了許多。韓琦的年齡略小於范仲淹，但時人稱呼他們是「韓范」——韓在前，范在後。會這樣稱呼或許是因為他們曾共同戍邊抵禦西夏，而韓琦在軍事方面的才能比范仲淹更勝一籌吧。

韜，音ㄊㄠ。韜略指古代的兵法書六韜與三略，所以文韜武略就是用兵的策略。

　　雖說號稱一代名將，韓琦在大部分政治生涯中扮演的卻是文官的角色，歷任仁宗、英宗、神宗三朝宰相，可見他文韜武略都是上乘。作為優秀的政治家，韓琦的功績都被一一載入史冊。但是，一般人在審視這種「大人物」的時候，多半不喜歡去讀他的「業績」，越是著名的帝王將相，人們越喜歡從小事來衡量他的品德，看他是否足以承擔盛名。

韓琦率軍在定州時，晚上在營帳中寫信，一個士兵拿著蠟燭站在他身旁照明。士兵一不留神，蠟燭燒到了韓琦的鬢髮。韓琦沒說什麼，只是很快用衣袖把火拂滅，繼續寫信。

等寫完信回頭一看，他發現旁邊拿蠟燭的士兵已經不是剛才那一個了。他怕那個士兵受到懲罰，急忙把負責管理的官吏叫來，說：「不要換掉他，他現在已經懂得如何舉燭了。」

類似的事情在韓琦身上還有許多，人們都認可他是個敦厚寬容的君子，能真正做到「躬自厚而薄責於人」，韓琦真可做為「宰相肚裡能撐船」的最佳例證。

君子
成人之美

—— 顏淵第十二 · 十六

論語時代劇場

　　魯哀公是孔子晚年接觸得最多的國君，他很敬佩孔子的學問與道德，經常向孔子請教。不過，很遺憾，無論是魯哀公的個人天賦還是他所處的政治環境，都無法讓他成為一個有作為的國君，後來的人們也只有在看到許多他和孔子的對話時才會想起歷史上還有這麼一個人。

　　有一次，魯哀公突然想起來關於下棋的問題——那時候的棋叫做「博」，一共有六個黑棋、六個白棋，兩人各執一方。

　　魯哀公問：「君子為什麼多不願意下棋呢？」孔子想了想說：「因為棋分黑白兩道。」

　　「分黑白兩道怎麼不好了？」

「既然分辨黑白，就必有一好一壞、一善一惡呀！」

「那又怎麼了？有好壞善惡之分怎麼就不能玩呢？」魯哀公愣住了。

面對微笑著的孔子想了很久，他終於恍然大悟：「原來君子對惡人惡事如此深惡痛絕啊！這真是『君子成人之美，不成人之惡』的最好注解，要不是孔子，我哪裡能聽到這麼生動的解釋呢！」

子曰：「君子成人之美，不成人之惡；
小人反是。」

孔子說：「君子成全別人的好事，不成就別人的壞
事；小人正好與此相反。」

❶ 成，成就、促成。

❷ 是，相當於「這」。

名句充電時間

　　勸善戒惡不僅是宗教家的宗旨，一個普通的人也應該以此為
己任。生活中每個人都有自己的角色，是父親或兒子，是老闆或
員工，是長輩或晚輩，但無論在什麼位置，都應該希望自己所生活
的環境中能多一些善良與光明，除非他自己就是一個心地黑暗的小
人。孔子有類似的話被收在儒家的另一部經典《孝經》中：

「君子事上，進思盡忠，退思補過，將順其
美，匡救其惡。」

　　這話是從臣子的角度來說的，面對皇帝好的一面，臣子可以
也應該附和、頌揚，使其發揚光大；如果他有不好的地方，那麼補
救、矯正也是臣子義不容辭的責任。今天或許已經沒有君臣的概念
了，但其他有上下級關係的角色又何嘗不也是這個道理呢？

❶ 將順，順勢促成。

這一則如果完全展開，應該是「君子成人之美，不成人之惡；小人不成人之美，成人之惡」，但事實上後半截被「反是」替代了。

「是」相當於「這」，是一個代詞。一般來說，代詞都指代上文出現過的特定內容，有時候是簡單的人或事物，在孔子這句話裡則是比較複雜的一句話。使用代詞可以避免重複，但要善用代詞，作者的思路一定要清晰，知道自己方才說了些什麼。如果使用不當，容易令人看不懂，像「張三請他同事和他朋友吃飯」，第二個「他」就不知道是在指誰了。

此外，無論古今，「是」都是一個常用字，但用法上彼此不同，初學文言文的同學最易混淆。今天的「是」大多是用來表示判斷，相當於英語中的be動詞，有時候也用來表示對、正確的意思，比如「是非」的「是」。

古代的「是」以表示正確和用作代詞為主，還有用作關聯詞的，表示判斷的反而非常少見了。因此，我們讀文言文的時候一定要養成習慣，看見今天還很常用的字千萬不要輕率地照今天習慣的用法去解讀。

孔夫子 Mail box

寄件者：小君

收件者：xxxx@魯國.com

主旨：總覺得對好友有所虧欠……

親愛的老師：

　　您知道，最近我剛拿了模型飛機大賽第一名，這本是件好事，卻在我心裡打了一個結。事情是這樣的：小國是和我一起玩模型飛機的好朋友，這次比賽的資訊也是他告訴我的，我們原本準備一起參賽，等到報名時才知道，每所學校只能有一個人參賽，所以他就把名額讓給了我，雖說我不負眾望拿了獎，但總覺得對小國有虧欠，我奪走了本屬於他的東西，可是我又不知道該怎麼跟他說……老師，您能幫助我嗎？

學生　小君　敬上

收件者：小君

主旨：Re：總覺得對好友有所虧欠……

　　老師已就這事和小國溝通過了，他的回答很簡單：「這次競賽的要求更適合小君的技術特長，我去的話可能第三名都拿不到。難道就因為消息是我先得到的，我就要搶在前面去參加？」

　　想想我們不久前才說到的鮑叔牙和管仲的故事，他們兩人一起做生意，管仲多拿錢；兩人一起打仗，管仲又往後躲。鮑叔牙不僅沒有怪他，反而十分體諒他。甚至到後來，鮑叔牙並沒有因為自己是齊桓公的重臣而想著獨據高位，反而推薦了當時身為階下囚的管仲，也正是如

此，歷史上才會有這位出色的大政治家。

　　你們兩人的背景以及比賽這件事和管鮑之交的情況不同，當然無法比較，但小國的想法、做法卻和鮑叔牙十分相似，用孔子的話說，這叫「君子成人之美」。我們都應該相信，小國絕不是為了從你那裡圖謀什麼好處才故意讓你的，他是仔細分析過兩人的專長才這樣決定。所以，他不僅展現了良好的個人品德，也體現了一個小模型飛機專家的專業判斷能力，你應該高興有這樣一個出色的朋友！

　　雖說這件事看起來是你受益，但老師覺得你不必著急地去「報答」，你得了大獎，已經是一個很好的回報，如果以後你也能向小國學習他不計小利，以事為重的理性，相信這將是最完美的結果。

★★★★★★★★★★★★★★★★★★

孔 夫 子

魯國論語學院專任教師
無名市儒家區教育路1號
電話：（OO）1234-5678
mobile: O9OO-123456
mail: xxxx@魯國.com

★★★★★★★★★★★★★★★★★★

是可忍也，
孰不可忍也

————八佾第三·一

論語時代劇場

　　孔子的道德自律是極其嚴格的，他心目中的道德規範就是禮。

　　孔子的禮教，沒有什麼學生會質疑，因為連這都不接受，根本就不會來到孔子門下。不過，由禮而引發的種種小疑惑卻是弟子們的熱門議題。

　　魯國的近鄰是強大的齊國，齊國的強大則幾乎可以完全歸功於一個歷史人物——管仲。正是管仲鞠躬盡瘁的努力，使得齊桓公稱霸諸侯，使得齊國繁榮富強、百姓安康。

　　學生們最難理解的就是孔子對管仲的看法。一方面，孔子對管仲的功業佩服之極，他曾說：「要是沒有管

仲，今天我們這些人差不多都要變成蠻夷的奴隸了」；另一方面，孔子卻又說：「管仲不知禮啊！不僅過著奢侈的生活，家中竟然還有不少君王才能擁有的設施！」

這個矛盾，對學生來說始終是個謎，他們問了很多次，直接的、間接的，最終也沒有得到一個合適的解釋，於是後來許多人都不斷猜測孔子對管仲有矛盾評價的原因。

至於與孔子同時代的魯國貴族季氏，可以說是一個「迷你管仲」，功業遠不及管仲，卻同樣享受著不合身份的儀仗，當然就只有挨罵的份了。

孔子謂季氏：「八佾舞於庭，是可忍也，孰不可忍也？」

孔子談論季氏說：「在廳堂中上演八佾樂舞，這樣的事能容忍，還有什麼不能容忍的呢？」

❶ 季氏，魯國貴族，曾執掌魯國大權。

❷ 八佾，各行列均為8人，共64人的樂舞。按周朝禮制，只有天子才能享有，而季氏只是大夫，按規定只能用16人的四佾。

名句充電時間

　　孔子生活的時代，是所謂禮崩樂壞，舊的社會秩序逐漸變形瓦解的時代。孔子對季氏的批評體現的正是他對社會秩序的重視。然而孔子思想的重心更著重於恢復周禮與舊有的秩序，因此他上不滿昔日的管仲，下不滿當時的季氏，就因為他們不能按禮制行事。孔子這種主張是否合適、是否真正能夠實施是值得深入探討的話題，難以一下子說清，但孔子尋求秩序的方向無疑是正確的。秩序，是人類社會穩定發展的基礎，就連孔子認為「不知禮」的管仲也十分重視社會秩序。管仲曾說：

「儀者，萬物之程式也；法度者，萬民之儀表也；禮義者，尊卑之儀表也。」

　　孔子和管仲、季氏等人的分歧主要在於恢復周禮與否，而不在於是否需要秩序。

　　要說「是可忍，孰不可忍」是一個成語也行，雖說省略了原句兩個「也」字，但壓縮率還是不夠高，畢竟人們更習慣成語是四個字的樣子，所以另外想出來一個四字的「忍無可忍」。

　　不過，在後來許多辭典解釋這個「忍無可忍」的時候，出了點差錯。這個成語今天很常用，意思也不難理解，唯獨它的來歷不是很清楚。反正成語沒有來歷的也不少，不說明來歷就行了，若說是從孔子的話壓縮而來也勉強成立——雖沒有依據，但也很難說不對。然而，現在一些辭典舉的典故出處卻是《三國志·魏書·孫禮傳》：「（孫禮）涕泣橫流。宣王曰：『且止，忍不可忍。』」

　　仔細看，人家是「忍不可忍」耶！不要小看這一字之差，這可讓兩者的意思完全不一樣了。《三國志》這一段是說將軍孫禮受到曹爽的排擠迫害，火氣很大，宣王司馬懿勸他消火，要他忍住這不可忍的怒氣，所以前面半句是「且止」。要是司馬懿反過來煽風點火，才會說：「這真是讓人忍無可忍了！我叫人幫你出氣！」

　　可見，「忍不可忍」雖說字面上跟「是可忍，孰不可忍」更像，但意思卻有很大區別，如果要找近義詞，大概和佛教所說的「難忍能忍」差不多。而「忍無可忍」是在晚清才漸漸被很多人使用的。

孔子感到不可忍受的，不是什麼舞蹈，而是季氏不知收斂，去謀取根本不該屬於他的東西。這種憤怒，不是孔子的專利，因此，可以從中推出一條準則：凡人做事，都有一個忍耐的限度，達到但不要超出是明智的選擇。如果季氏能夠忍一忍，不超越本分使用君王的禮樂，自然不會讓孔子忍無可忍，發出不平之鳴。

權力是人世最大的誘惑之一，如何獲取權力是很難的，獲取權力而不超過其應有的限度、不使旁人覺得忍無可忍更難，但是東晉的宰相王導卻做到了。

司馬氏的晉朝是個不爭氣的朝代，短短幾十年，西晉便被迫渡江東遷。當時的江東是士族聚居的地方，這些人講究血統門第，又有很深的文化傳承，根本不把北方的粗人們放在眼裡。但司馬睿要想在江東站住腳，絕對少不了這些名士們的支持。於是，當時還是幕僚的王導就導演了一齣戲來提升司馬睿的威望。

沒想到古時候貴族要獲得支持要找這麼多臨時演員來演戲……

首先，王導聯絡了南方士族中的幾個「親北派」，請求他們的協助。接下來，他選定了一個宣傳效果最好的時間——三月三。當時的三月三是一個隆重而熱鬧的節日，街上人山人海。只見司馬睿帶領著幾十個北方名士出現在街頭，大家眾星拱月，顯得十分尊敬的樣子。接下來，事先溝通好的「親北派」上場，他們「偶然遇到」了司馬睿，紛紛很客氣有禮地作揖致敬。其餘南方士族看到這個情形大感驚訝，紛紛前來拜見，司馬睿因此贏得南方士族的支持。

　　後來司馬睿做了東晉的第一個皇帝，一直記著這段往事，也因而十分感激王導。但王導卻拒絕了司馬睿給他的任何封賞，司馬睿又更加敬重他了。而後，王導又在明帝、成帝底下做事，即使大權在握，甚至可以取代司馬家族自立為王，他卻沒有這麼做。王導權傾朝野而沒有惹來災禍，跟他能堅守本分有著不可分的關係。

唯女子與
小人為難養也

——陽貨第十七‧二十五

論語時代劇場

　　孔子是一代宗師，不是風流才子，當然不會有許多和女人有關的故事，但仔細追究起來還是有的，其中最著名的當屬孔子見南子這件事。

　　那是孔子在衛國的時候，當時他很想留在衛國做事。當然，前提是衛靈公要有這個想法。不過衛靈公不理政事已久，實權早已落到他夫人南子手裡。孔子想留在衛國，恐怕是無法避免與南子接觸的。周遊列國的大學者見一個國君夫人，這種事總讓人覺得有些奇怪。

　　最後，孔子還是去見了南子。男女有別，二人隔著簾子互相施禮、問候。這不過是個簡單的拜會，沒想到南子得到了她想要的臉面，接見了大

學者，孔子卻惹來了他不想要的麻煩：這類八卦事件免不了傳得很快，說不定還有人加油添醋。性急的子路聽到消息立刻來找老師，一臉的不高興。

孔子也鬱悶，特別是面對愣頭愣腦的子路，這種事實在沒法向他說清楚，最後孔子只好發誓：「我要是做了什麼不對的事，一定會受老天懲罰！」

鬧劇很快過去了，但從此孔子對女人，特別是身在政壇的女人敬而遠之：「還是跟她們保持距離比較好，以免惹來閒話！」

後來，時代變了，人的觀念也變了。這番話，竟成了孔子性別歧視的一條鐵證。

唉！孔子要是知道了，恐怕又要發誓了……。

子曰：「唯女子與小人為難養也！近之則不孫，遠之則怨。」

孔子說：「只有女子和小人最難蓄養，太親近了他們就會放肆無禮，太疏遠了他們又會抱怨。」

❶ 孫，同遜，音ㄒㄩㄣˋ，謙順。

名句充電時間

　　孔子說這話時究竟指的是什麼具體的人或事已經不得而知。歷來眾說紛紜，有人說是歧視女性，也有人說是專指僕人與婢女。然而可以肯定的是，中國歷代對女子和小人的防範非常嚴。在現實中，小人未必能一下子分辨出來，所以婦女又成了首當其衝的防範對象。對婦女的防範主要是不許其涉足政治，而且將婦人干預政治看作是災難的徵兆，《漢書》就有類似的說法：

「婦人顓政國不靜，牝雞雄鳴主不榮」

　　用當代人的觀念，可以說這是一種對婦女的歧視。但歧視能夠形成，自有它複雜的社會原因，舊時婦女的教育條件、生活常態、心理狀況等因素確實決定了她們不適合參與政治，我們讀古書時不可純以今日的價值觀來衡量。

❶ 顓，音ㄓㄨㄢ，同專。專政指一個人包攬大權。

　　孔子聲討女子、小人的理由是：離他們近了不好，遠了也不好。我們生活中有許多的成語、俗語都是用來形容這樣一種尷尬處境的，比如「進退維谷」，這個成語在寫作時比較常用，如果口語化一點可用「進退兩難」，要形象生動一點則可用「騎虎難下」。

　　不過成語總是比較嚴肅一點，要想使自己的文章更加活潑有趣，適當地使用俗語是很有效的做法。若要用俗語來表達這種尷尬的處境，可以說：「豬八戒照鏡子，裡外不是人。」這句話借用大家都熟悉的丑角豬八戒來自我解嘲，有很強的幽默效果。

　　類似意思的還有：「風箱裡的老鼠，兩頭受氣。」不過這個說法更多用於表示在兩個人或兩種勢力之間都不討好。

　　因為現實中這種兩難的情形實在太多，所以又有許多語彙專門勸人不要追求面面俱到。如：「有得必有失」、「魚與熊掌不可兼得」等。此外，「塞翁失馬，焉知非福」這個成語則專講禍福相倚的道理，有時失去了並不一定就是禍患。俗語「天下沒有白吃的午餐」則告誡人們不要只想好事，只想不勞而獲，有得總會有失。更悲觀的人甚至會說：「人生不如意事十常八九」。

　　在生活中，單純的困難還是比較容易承受的，如果遇到兩難，容易讓身心疲憊，一定要有所準備才能好好地面對。

寄件者：星妤

收件者：xxxx@魯國.com

主旨：孔子也有性別歧視？

親愛的胡老師：

　　最近我的心情很不好，因為班上那些討厭的男生，常常看不起女生，為了自己的榮譽，我們常常要和他們鬥嘴。結果，最近學了《論語》，他們找到了重型武器，說孔子也是把女子和小人相提並論的，我們都很生氣，請老師為我們說句公道話：孔子是不是也有性別歧視的問題？

學生　星妤　敬上

收件者：星妤

主旨：Re：孔子也有性別歧視？

　　星妤同學，首先要告訴你一個沮喪的消息：老師在像你這麼大的時候也是你說的那種討厭鬼。不過，也有一個不壞的消息：男孩子用這種行為來刺激女生絕非出於惡意，他們故意做出看不起女生的樣子，只是想吸引你們的注意，希望你們去和他們爭辯，呵呵，看來你是掉進了他們的「圈套」了。

　　至於孔子到底有沒有性別歧視的問題，不是老師就能判定的。這其實沒有多大意義，去爭論誰輸誰贏也不重要。可以肯定的是，孔子確實說了一句女性的「壞話」，而且和小人並稱，算得上「很壞的壞話」。突然想到上次郊遊的時候，老師看到一個女孩子帶的東西多了點，走

得很累。兩個男生主動要去幫忙，沒想到女孩子正一肚子火，很不客氣地在大家面前拒絕了他們。當時老師腦子裡閃過的就是這句「很壞很壞」的話，不過老師沒有去批評她，因為她是一個很善良的女孩子，只是有時候容易發點小脾氣——你一定知道，這個女孩子的名字就叫「星妤」。

　　提起這件事，老師只是希望你不要把注意力放在口舌的爭辯上，從很多情況來看，女孩子，也包括你自己，天性中免不了會有些缺點，不許人說終究不是個辦法。如果能注意並逐步改正自己的不足，同時發揮自己善良、細心的優點，大方友好地和男孩子們交往，那你一定會很容易贏得他們的尊重和友誼，那時，你就絕不會再為孔子或別人的一句話而心情不佳了。

★★★★★★★★★★★★★★★★★★

孔夫子

魯國論語學院專任教師

無名市儒家區教育路1號

電話：（OO）1234-5678

mobile: 0900-123456

mail: xxxx@魯國.com

★★★★★★★★★★★★★★★★★★★★

台灣廣廈 國際出版集團
Taiwan Mansion International Group

國家圖書館出版品預行編目（CIP）資料

論語故事輕鬆讀/胡真著. -- 初版.
-- 新北市：台灣廣廈, 2008.10
面；　公分

ISBN 978-986-84582-1-5（平裝）
1.論語　2.通俗作品

121.22　　　　　　　　　　　　　　　97017691

論語故事輕鬆讀

作　　者／胡真　　　　　　　編輯中心編輯長／張秀環
插圖繪製／夢想國漫畫工作室　製版·印刷·裝訂／東豪·弈聖·秉成

行企研發中心總監／陳冠蒨　　線上學習中心總監／陳冠蒨
媒體公關組／陳柔彣　　　　　數位營運組／顏佑婷
綜合業務組／何欣穎　　　　　企製開發組／江季珊、張哲剛

發　行　人／江媛珍
法律顧問／第一國際法律事務所 余淑杏律師·北辰著作權事務所 蕭雄淋律師
出　　　版／台灣廣廈有聲圖書有限公司
　　　　　　地址：新北市235中和區中山路二段359巷7號2樓
　　　　　　電話：（886）2-2225-5777·傳真：（886）2-2225-8052

代理印務·全球總經銷／知遠文化事業有限公司
　　　　　　地址：新北市222深坑區北深路三段155巷25號5樓
　　　　　　電話：（886）2-2664-8800·傳真：（886）2-2664-8801
郵政劃撥／劃撥帳號：18836722
　　　　　　劃撥戶名：知遠文化事業有限公司（※單次購書金額未達1000元，請另付70元郵資。）

■出版日期：2024年7月 初版 18刷
ISBN：978-986-84582-1-5